AF409028

حلم وحيد مؤجل

قصص

د. موسى نجيب موسى

حلم وحيد مؤجل

قصص

إصدارات دائرة الثقافة، حكومة الشارقة 2023م

الناشر: دائرة الثقافة ـ حكومة الشارقة ـ الإمارات العربية المتحدة
الهاتف: 5123333 6 971+
البرّاق: 5123303 6 971+
الموقع الإليكتروني: www.sdc.gov.ae
البريد الإليكتروني: sdc@sdc.gov.ae

813.01

م . م ح   موسى، موسى نجيب
حلم وحيد مؤجل / موسى نجيب موسى.ـ الشارقة، الإمارات العربية المتحدة : دائرة الثقافة ، 2023.
116ص ؛ 21 x 14سم.
1- القصص العربية القصيرة ـ مصر
2- القصص العربية القصيرة
أـ العنوان

ISBN: 978-9948-799-30-6

الإهـــداء

إلى روحه الشفيفة في عليائها
أتمنى أن يصلك حصاد تعبك..
أبي رحمة الله عليه

موسى

حلم وحيد مؤجل

- "من يتقدَّم للزَّواج من مضيفة استقبال عليه أن يتحمَّل
طبيعة عملها"..

هكذا كان حديثي دائماً مع كلّ من يتقدَّم لخطبتي أو للزَّواج
منّي، فكان الجميع يهرول من أمامي على وعد بلقاء ثانٍ قريباً.
لم يأتِ هذا اللّقاء الثَّاني حتّى الآن.. كان الجميع حولي ينهرونني
ويعتقدون أنَّني أقول هذه الجملة من باب العناد أو لزرع الخوف
في قلب من سيتزوَّجني حتّى يبعد ويرحل ولا يكمل مراحل
الخطبة والزَّواج.

حاولت كثيراً توضيح موقفي وأنَّه لا بدَّ لمن سيتزوَّجني أن
يعلم طبيعة عملي حتى لا تدبَّ بيننا المشاكل ولا ينهار بيت
الزوجية، وأصبح مطلَّقة ومعي أطفال أتحمَّل مسؤوليَّتهم فوق
مسؤوليّات عملي الجسام.. لكنَّهم لا يصدقونني ويعتقدون أنَّني
على علاقة بزميل أو بأيِّ شخص آخر أرغب في الارتباط به،
ومن أجل ذلك أقوم "بتطفيش" العرسان الذين يتقدَّمون لي..
لم يكن الأمر كذلك مطلقاً، فأنا لم أعرف الحبّ بعد، ولم يهتز

قلبي لمشاعر حبٍّ حتى الآن، ولم يدر بخلدي أنّني سوف أرتبط عاطفيّاً يوماً ما، أو تكون لي علاقة خاصّة مع أيّ رجل ولا أعرف لهذا الأمر سبباً، ولم أحاول السَّعي وراءه لمعرفة سبب ذلك.. كانت أمّي دائماً تحدّثني عن سترة الزّواج للبنات وعن ظلّ الرّجل الذي يجب أن أحتمي به، وعن أشياء كثيرة تربّت عليها ولم يكن حديثها إلا عابراً، لا يكاد يدخل أذني اليمنى حتى يخرج من أذني الأخرى، لإيمانى بأنّ كلّ شيء فى الدّنيا له موعد محدَّد، ولكلّ شيء تحت السّماء وقت.

حانت كلّ الأوقات.. وجاءت كلّ المواعيد إلا موعد زواجي، وقد تخطّيت الأربعين بأعوام خمسة.. أبي وأمي توفّاهما الله تعالى، وأختي الكبرى تزوّجت في محافظة نائية لم أعد أراها وأصبح كلّ ما بيننا مجرد مهاتفات على فترات ومحادثات عبر الماسنجر متى سمح الوقت بذلك، وأخي الصّغير ندهته نداهة أوروبا، وبمجرّد أن تخرّج من الجامعة ذهب إلى بلاد الصّقيع ولم نعد نعرف عنه شيئاً.. وبقيت أنا.. وحيدة.. كما كنت فى حياتهم أعيش في المنزل نفسه.. عملي ليس له مواعيد محدّدة، ولم يكن لدينا دفتر حضور وانصراف إلا فى بداية التحاقنا بالهيئة، للعمل في لجنة مراسم الاستقبال بها كمضيفين عندما أعدّوا لنا تدريباً راقياً على كلّ ما يتعلق بفنّ الإتيكيت، وكيفيّة استقبال كبار الضّيوف القادمين إلى البلد.

قد يكون عدم زواجي حتّى الآن منحة حقيقيّة من ربّنا جل وعلا، حتى أستطيع أن أتقدّم في عملي، وأن يكون لديّ الحريّة الكاملة في ممارسة هذا العمل الذي أحبّه كثيراً.. وقد يكون

السّبب أيضاً أنّه لا يصلح لمن تعمل في مثل مهنتي أن تتزوّج، رغم أنّ زميلاتي جميعهنّ تزوّجن ويعشن حياة مستقرّة وهانئة، ولو أنّ الأمر لا يخلو من بعض المشكلات الصغيرة التي تحدث في أيّ بيت عاديّ جدّاً.. لم أرهق نفسي بالبحث عن الأسباب ولكنّني أحاول الاستمتاع بحياتي ولم أسمح لعزوبيّتي المستمرّة إلى الآن، أن تعكّر صفو حياتي أو تطفئ شمس استمتاعي بعملي، الذي يجب أن أكون ملتزمة به على مدار اليوم، فأنا لا أعلم متى يأتي الضّيف إلا قبل وصوله بساعتين.

ساعتان فقط هما الفترة المسموح بها للاستعداد وتجهيز النّفس للخروج إلى المطار والقيام بعمل مراسم الاستقبال البروتوكوليّة، حسب مكانة الضّيف الذي يقوم بالزّيارة.. لذلك لا أستطيع أن أرتّب حياتي وفق جدول منتظم ومواعيد محدّدة ولا أستطيع أن أعطي موعداً لأحد، لأنّني لا أعلم متى يتمّ استدعائي أو متى يأتي الضّيف الذي يُطلَب منّي استقباله.. تأقلمت مع حياتي وتآلفت معها.. حتّى الفترات الطّويلة التي أقضيها مع نفسي في المنزل، لم تعد تمثّل لي أيّ عائق في حياتي، فقد تعلّمت كيف أنشغل فيها وكيف أتصالح مع نفسي حتى لا يزحف الحزن ويهاجمني الاكتئاب فأمرض وأموت سريعاً..

دائماً أكون أوّل الواصلين إلى مكان الاستقبال، فليس لديّ ما يعطلني أو يؤخّرني عن العمل، وبالتّعود والتّدريب تعلّمت كيف أكون جاهزة تماماً في أقلّ وقت ممكن، وقد ساعدني على ذلك أيضاً سيّارتي الخاصّة الحديثة التي توفّر لي الكثير من الوقت والمجهود والابتعاد عن سخف سائقي التّاكسيات وسماجتهم

وتدخّلهم المستمرّ في حياتي الخاصّة، عندما كنت أعتمد عليهم قبل شراء سيارتي، وكانوا يتدخّلون بطريقة مريبة عندما يرنّ هاتفي وأنا في التّاكسي وكنت في أغلب الأحيان أضطر للنّزول في أقرب مكان، أو أُخجِل السّائق بكلمات تغتال برودة تدخّله فيما لا يعينه، ليلتزم بعدها الصّمت حتّى لا يجرؤ على السّؤال عن أي شيء سمعه؛ إن رنّ هاتفي مرّة ثانية..

مرّت حياتي سريعة بأحداث متلاحقة ويوميات لا تتشابه كثيراً، ففي كلّ مرّة أستقبل فيها ضيفاً جديداً يتغيّر مكان الاستقبال من مطار إلى مطار، ويتغير معه شكل البروتوكول حسب مكانة الضّيف القادم إلينا ومركزه، وقد يتغيّر اليونيفورم الذي اعتدت على ارتدائه.. حتى جاء يوم كان ينذر بحدوث شيء منذ بدايته. وكان يوماً غريباً جدّاً بدأ بقيامي من النّوم على غير عادتي في غير ميعادي؛ متكاسلة ومتعبة، رغم أنّ فترة طويلة مرّت على آخر مراسم استقبال قمت بها لضيف زارنا.. وكنت متوترة بلا سبب رغم أنّني نمت نوماً عميقاً..

متناقضات كثيرة في هذا اليوم لم أجد لها تفسيراً.. أفلت الموبايل من يدي وكسرت شاشتي عندما رنّ الرّقم الخاصّ الذي اعتدت رؤيته عند استدعائي في مثل هذه الظّروف، لحضور مراسم استقبال جديدة.. وشكرت الله تعالى كثيراً لأنّي تمكّنت من معرفة مكان التّجمّع ومكان الاستقبال جيّداً وإن كنت لم أتمكّن من معرفة طبيعة الزّائر وهويّته..

في حقيقة الأمر لم يكن هذا الموضوع يشغلني كثيراً، فنحن

نقوم بالمراسم وفق بروتوكولات عدّة، وقبل التّنفيذ نقوم بعمل بروفة سريعة لما سبق أن تمّ تدريبنا عليه كثيراً، وقد أكسبتني فترة عملي الطّويلة العديد من الخبرات التي تجعلني دائماً على استعداد للعمل دون الحاجة للتّدريب أو "البروفة" ولكنّها حساسيّة المكانة التي نشغلها والعمل الذي نقوم به، كلّها أشياء تحتّم علينا ضرورة مراعاة الدّقّة المتناهية، لأنّه لا مجال للخطأ في عملنا ولا مجال للسّهو وترك الأمور وفق ما تحصل به الظّروف، ولكن كلّ شيء يكون محسوباً بدقّة متناهية؛ وبالثّانية لا تقلّ ولا تزيد، وخطواتنا مرسومة بدقّة، نتحدّث بالنّظرات وإذا اضطررنا فبالهمسات، إذا أراد أحدنا أن يلفت نظر زميله في فريق الاستقبال لأمر طارئ أو موقف عارض استجدّ.. كلّها أشياء ألفناها ونكاد نقوم بها بطريقة آليّة..

لم أعبأ بأمر الموبايل كثيراً فعند عودتي سأشتري غيره لكن ما جعلني مشتّتة وسرق تركيزي على خطوات تجهيزي وإعداد نفسي وملابسي وماكياجي، هو تلك الحالة من الإعياء التي أشعر بها لأول مرّة في حياتي، لدرجة أنّني فكّرت كثيراً في الاعتذار ليقوم رئيس الفريق بتوفير البديل كما تعوّدنا كلما مرّ أحدنا بظرف طارئ، لكنّ حالة الموبايل لم تسعفني كما أنّ الساعتين المقررتين للإعداد والتّجهيز قاربتا الانتهاء.. سلّمت أمري لله تعالى وتحاملت على نفسي كثيراً وتجهّزت للذّهاب إلى مكان التّجمّع الذي أخبرني به رئيس الفريق منذ قليل.

ركبت سيارتي وعند أول دوران صدمتني سيّارة مسرعة من الخلف صدمة عنيفة، الأمر الذي دفع سيّارتي دفعاً للأمام

واصطدمت بموتوسيكل دليفري رمت براكب الموتوسيكل لمسافة بعيدة؛ وأصيب إصابات بالغة.. ما هذا اليوم؛ وكيف السّبيل للذّهاب والوقت يجري بسرعة، والموعد اقترب كثيراً؟ وكيف أواجه كلّ هذا ونحن ممنوعون تماماً من الكشف عن هويّتنا مهما حدث لنا، ولو وصل الأمر إلى الحجز في قسم الشّرطة..؟

كل ما هو مسموح في مثل هذه الحالات هو الاتّصال برقم خاص نتحدّث مع صاحبه الذي لا نعرفه، نخبره بما حدث وهو يتصرف كما تعود في مثل هذه الظروف.. تجمّع النّاس وتجمهروا بالعشرات حول المتسبّب في الحادث، كانت فتاة شابة لا تجيد القيادة، هي من صدمتني من الخلف حاولت التّدخّل لإنقاذ الشّخص المصاب سائق الدليفري وحاولت أن أشرح للجميع أنّني ألتمس لها العذر ولا أريد تعويضات عن الخسائر الفادحة التي لحقت بسيارتي، فالمهمّ هو إنقاذ الشّخص المصاب ولكن لا جدوى.. وانصبّ الحديث كلّه حول ضرورة أن تتلقّى هذه الفتاة المستهترة درساً لن تنساه حتى لا تكرّر فعلتها مرّة أخرى، ويروح ضحيّتها آخرون. حاولت أن أنسلّ من بينهم فالوقت يجري بسرعة مذهلة، ولكنني لم أفلح، ولكن عندما جاءت سيّارة الإسعاف لنقل المصاب وقد أفسحوا لها الطّريق استطعت الإفلات منهم بصعوبة وحاولت ترتيب ماكياجي فى مرآة السّيارة على قدر استطاعتي، وتهذيب هندامي إلى حدٍّ ما، وانطلقت مسرعة نحو مكان التّجمّع.. وصلت أخيراً ولكن.. وأنا أهرول إلى الدّاخل مسرعة التوت قدمي وسقطت على الأرض مغشياً عليّ ولم أفق إلا على صوت رئيس الفريق يقول لي معاتباً:

ـ نحن اعتدنا فى مثل هذه الظروف أن تخبرينا بحالتك حتى نوفّر البديل قبلها بفترة، فلماذا لم تهاتفيني ما دمت متعبة بهذا الشّكل.

فتحت عينيّ بصعوبة بالغة، وكنت أرى من حولي مجرّد أشباح، لم أستطع أن أتبيّن ملامح أيّ فرد منهم، ولكن فهمت أنّ الموقف متأزّم، وبلا وعي منّي أخرجت هاتفي المكسورة شاشته وقدّمته إليهم، فأدركوا تماماً أني كنت عاجزة عن الاتصال بهم حتّى يوفّروا البديل.. سريعاً حضر الطبيب الخاصّ بنا وقام بإعطائي الكثير من الحقن والمسكّنات، حتّى أستعيد عافيتي وكذلك استلمني مسؤول الإعداد والتّجهيز، الذي يبدأ عمله في مثل هذه الحالات من الطّوارئ فقط، ووفر لي ملابس جديدة، وتمّ استدعاء الماكيير الخاصّ بنا، وفي النّهاية كان كل شيء على ما يرام، ولم يكن ينقص الفريق سواي، ولكنّه الآن اكتمل تماماً، وكان الوقت المتبقّي لا يزيد عن خمس عشرة دقيقة، وتهبط طائرة الضّيف.. قمنا بتنفيذ البروفة سريعاً حتّى لا يخطئ أحدنا وأخذنا جميعاً وضع الاستعداد، فقد أعلن المذيع هبوط طائرة الضّيف، وقمنا بالوقوف صفّاً واحداً وفق البروتوكول الذي سوف يتّبع مع هذا الضّيف المهمّ جدّاً..

لم يستطع رئيس الفريق أن يخفي قلقه من تعبي، وكان متوتّراً على غير عادته مني وأنا التي كنت دائماً مصدر ثقته وعند حسن ظنّه، حتّى أنّني كنت أفهمه من نظراته وأقوم بتنفيذ ما يفكر فيه، وكان دائماً يبدي انبهاره بأدائي ويشيد بى أمام جميع الزّملاء بعد الانتهاء من المراسم.. هبطت طائرة الضّيف فى المكان المحدد

لها وتمّ فتح الباب وبدأ الضّيف ومرافقوه في النّزول ونحن فى حالة تأهّب لتنفيذ مراسم استقباله..

كان دوري دائماً فى المرّات السّابقة في المقدّمة، ولكن رئيس الفريق رأى أن أتأخّر قليلاً حتّى لا يحدث شيء يفسد المراسم وتكون العواقب وخيمة للجميع، فانزويت جانباً في الصّف الثاني من فريق الاستقبال، واقتصر دوري على تقديم بوكيه لأحد المرافقين بعد أن تولّت إحدى زميلاتى في الفريق مهمّتي الأساسيّة، التي كنت أقوم بها وهي تقديم البوكيه للضّيف الهامّ في الزّيارة.. مرّت المراسم سريعاً ووفّقنا الله تعالى فيها فوق كلّ توقّعنا وأفضل من المرّات السّابقة، ولم أنتبه إلى أن بوكيه الورد الخاصّ بي؛ والذي يجب عليّ أن أقدّمه لأحد مرافقي الضّيف ما زال في يدي، أفقت على صوت هادئ ووجه بشوش وقوام رياضي متماسك.. يهمس لي:

ـ أعتقد أنّ هذا البوكيه يخصّني..!

ارتبكت قليلاً، ورغم تأثير التّدريبات التي نتلقّاها في مثل هذه الحالات؛ والتي تجعلني أسيطر على نفسي وانفعالتي؛ فإنها لم تفلح في مساعدتي في إخفاء تلك الرّعشة العجيبة التي سرت فى جسدي فجأة، حتّى ظهرت على يدي والبوكيه يرتعد فى يدّي، وأنا أقدّمه للمرافق الذي استلمه وابتسامته تغطّي معظم وجهه.. ناولته البوكيه بسرعة حتّى لا يشعر بارتباكي الواضح والرّعشة التي فضحها اهتزاز البوكيه في يدي.. تناوله مني سريعاً وهو يهرول خلف الوفد حتّى يستطيع اللّحاق به وكاد أن يصطدم

بآخر شخص في الوفد وهو يجري مسرعاً، وينظر خلفه ناحيتي
ويبتسم لي ابتسامة استفزّت داخلي وأعادت إلى ذهني سؤالي
المعتاد:

ـ هل يستطيع من يتقدّم للزّواج من مضيفة استقبال، أن يتحمّل
طبيعة عملها؟

هدأت قليلاً بعد أن سمعت عبارات التّهنئة والإطراء من
رئيس الفريق والزّملاء على نجاح مراسم استقبال الضّيف
بصورة غير معهودة من قبل.

شهرزاد مرة أخرى

استيقظت المملكة على أصوات وضجيج في كل مكان، فقد مات الملك "شهريار" ولا يعرف أحد سبباً لموته المفاجئ وقد ذهبت التفسيرات والأقاويل إلى أن وراء الأمر مؤامرة، قد تكون "شهرزاد" هي التي دبرتها له، حيث إنه في اليوم السابق لموته، أعلن في البلاد كلها البحث عن عروس جديدة "لشهريار"، لأن "شهرزاد" انتهت من كل حكاياتها ونضب معينها، وقد حاولت جاهدة أن تعثر على أي حكاية في ثنايا عقلها أو في بطون الكتب التي كانت تلتهمها ولم تجد، وقد صاحب هذا الإعلان أيضاً صدور حكم الإعدام في "شهرزاد" وكان اليوم هو يوم تنفيذ الحكم..

انقسمت المملكة وحدثت بلبلة بين الناس ولم يستطع أحد السيطرة على مجريات الأحداث سوى "مفتاح سر التاريخ" بحكمته ورجاحة عقله، وكذلك نظام الأنظمة "والد شهرزاد" وقد قاما بتخدير الشعب وجعل طبيب القصر يعلن على الملأ أن موت الملك "شهريار" كان موتاً طبيعيّاً، وأنه قضاء الله تعالى وقدره، وعلى الجميع الانصياع له، وأكثر من ذلك فقد تم الإعلان عن تنصيب "شهرزاد" ملكة للحكم، لدرء التهمة عنها وكذلك للعمل

على استقرار أحوال البلاد، وحتى لا تكون مطمعاً للأعداء الذين يجولون حولها كأسود جائعة فاغرة أفواهها لأول سقطة..

فرحت "شهرزاد" بالمنصب أكثر من حزنها على وفاة زوجها، وأول قرار اتخذته هو إعدام "مسرور" في ساحة عامة، حتى تهدأ النساء المتبقيات في البلاد، وذلك لتكسب تعاطفهن ومساندتهن لها في الحكم، حقق لها القرار ما أرادت وأصبحت "شهرزاد" ملكة بإجماع الشعب كله ولم يعترض عليها أحد، ولكن هذا لم يمنع حقد نساء المملكة عليها، لأنها سدت عليهن طريق الاقتراب من الملك حتى ولو ليوم واحد فقط، وبعد ذلك يحدث لهن ما يحدث. وصاحب قرار إعدام "مسرور" تعيين "مسرورة" زوجته سيافة للمملكة الجديدة، وكذلك لتنفيذ الأحكام التي تصدرها الملكة. مرت الأيام وتلتها الشهور والسنين حتى ملت "شهرزاد" المملكة والحكم والناس والإطار الرسمي الذي سجنت نفسها فيه وفكرت ماذا تفعل؟ فاهتدت لفكرة لم تكن لتخطر لها على بال، فقد قررت الزواج، لم تبذل "شهرزاد" مجهوداً في إقناع والدها بذلك أو حتى قاضي القضاة، الذي كان معترضاً على ذلك لأن من سيتزوجها سيؤول له الحكم حسب نظام المملكة، ولم يفت هذا "شهرزاد" فقد اشترطت على من يتقدم للزواج منها، ألا يصيبها الملل منه بأسر لبها كل ليلة بحكاية جديدة حتى تعطيه مقاليد الحكم..

وتتابع الرجال على "شهرزاد" رجلاً بعد الآخر، وكانت أقصى أمنية لكل منهم تتحطم بعد يوم أو يومين على حد سيف "مسرورة"، حتى لم يتبق في المملكة كلها أي رجل سوى "مفتاح

سر التاريخ" الذي زجت به إلى السجن عندما اعترض على تكرار زيجاتها، واتهمها بمحاولة القضاء على الرجال انتقاماً من زوجها السابق "شهريار".. حتى أبوها فاجأه المرض ولم يلبث أن مات بعد أيام ولم تجد "شهرزاد" بدّاً من تعيين النساء في مناصب الحكم والعفو عن "مفتاح سر التاريخ" حتى يسجل هذه المرحلة الحاسمة في تاريخ المملكة، وكذلك لتستشيره في أمور كثيرة تخص المملكة لا تعلم عنها شيئاً، حتى تستطيع أن تستمر في الحكم وتحافظ على المملكة.. لم يكن مستغرَباً أن تسمع عن منصب قاضي القضاة أو قائد الجنود أو شاهبندر التجار، وكذلك باقي المناصب في المملكة كلها؛ من النساء.

وتحول مجلس الحكم إلى ثرثرات كثيرة ونميمة، وأحياناً يمتد إلى صراخ بعض صاحبات المناصب، ووصل الحد إلى لطم الخدود والولولة حين لا يكون للمسالة المطروحة للمناقشة على مجلس الحكم حلٌّ أو مخرجٌ وفق خبراتهن وعلاقتهن بمسائل المملكة.. تسرب اليأس إلى "شهرزاد" كما تسرب إلى صاحبات المناصب ولم يجدن طعماً لحياتهن، في ظل غياب من يدير دفتهن وبوصلتهن.. انتشرت الفوضى وعم الفساد البلاد فهرعت "شهرزاد" إلى "مفتاح سر التاريخ" حتى يجد لها حلّاً لذلك ولكن لم يستطع حتى اكتشفت "شهرزاد" أن كثيرات ممن بالمملكة؛ كن يذهبن خلسة إلى "مفتاح سر التاريخ" حتى يحصلن منه على الاستشارة الصحيحة لإدارة شؤون البلاد، فليس لديهن أي خبرات في الحكم، وهو ما سبّب سيادة الفوضى داخل المملكة وانتشار الفساد..

لم تعرف شهرزاد ماذا تفعل في ظل هذه الفوضى وهذا الفساد الذي عم الكبيرة والصغيرة في المملكة، حتى طال "مسرورة" ذاتها، التي اكتشفت أنها تتعاون مع جهات خارجية ضد المملكة.. في هذه الأثناء قفز إلى سرير "شهرزاد"؛ "علي الزئبق"، من قلب حكاياتها القديمة مع "شهريار"، أعجبها كثيراً بحكاياته التي كانت تظن أنها تعرفها كلها وبهرها ذكاؤه وحنكته حتى أسرها وملك عليها لبها، ولم تستطع أن تستغني عنه أو عن ألاعيبه كل ليلة ولا تنام إلا مع صياح الديكة كل صباح.

انقلب الوضع وسيطر "علي الزئبق" على مجريات الأمور في المملكة كلها، وكذلك على نسائها اللائي أعجبن بالرجل وذكائه، وتولى مقاليد الحكم وأخذ يأمر وينهى الجميع، وكرر ما فعله "شهريار"، فكان يتزوج كل يوم امرأة، وفي الصباح يقتلها هو بنفسه ولم تسلم "شهرزاد" من هذا المصير، حتى جاء اليوم عليها، وعندما رفع يده بالسيف إلى أعلى ليفصل عنقها، صاحت على صوت الديكة.. فتحت عينيها بصعوبة وجدت أمامها الملك "شهريار" غارقاً في نومه كعادته كل يوم و"مسرور" يقف خلفها منتظراً تنفيذ حكم الملك.

بناء بيت

تعلم تماماً أنّه مع إشراقة الشّمس تبدأ معاناتها اليوميّة التي لا تنتهي إلا مع مغيب هذه الشّمس، وتخلد إلى مرفأ هدنتها من حربها اليوميّة حتّى تعود الشّمس مرّة أخرى للشّروق.. أفواه سبعة مفتوحة عن آخرها.. أجساد سبعة تئنّ تحت ضغط الحاجة.. الحاجة إلى كل شيء يضمن الحدّ الأدنى للحياة.. أحلام سبعة تجهض كل يوم مع ازدياد الوضع سوءاً وتراجع صحّتها واعتلال جسدها الذي وهن وكاد أن ينهزم في تلك الحرب الضّروس.. رحيل زوجها إلى البلاد البعيدة كموته تماماً بالنّسبة لها، ففي الحالتين هو غائب.. غائب عنها.. غائب عن أولادها..

هرب من ساحة المعركة كي يتركها تحارب وحيدة بلا عتاد سوى حفنة قليلة من إيمان بالله تعالى، تتّفق مع عقلها الفطريّ، وإيمان قويّ بضرورة أن تواصل جهادها في ساحة الميدان كي تصل إلى أهدافها المتواضعة كاملة.. حسنة واحدة تركها لها ولأولادها قبل الرّحيل، وهي ذلك الكوخ البسيط المتواضع جدّاً الذي عاش عمره كله من أجل أن يتمّ صنعه لهم من عيدان الذّرة الجافّة، وقليل من طمي النّيل الذي بناه على شاطئه الغربيّ..

وحتّى هذه الحسنة تستدعي داخل روحها السّقيمة الكثير من الذّكريات المؤلمة، فبمجرد انتهائه من بناء الكوخ شعر بأنّ رسالته معهم قد انتهت حيث ستر جسدها وجسد أولادهما..

رحل إلى أين؟ لا تعرف؟ لم تشأ أن تضيّع عمرها ووقتها في البحث عنه، وتهمل الأبناء، فهو قد اختار الفرار بمفرده ولم يشركها فى القرار وهي اختارت المواجهة.. يزيد إصرارها على المواجهة كلما وقعت عيناها على كوم اللّحم الذي تركه لها.. تسلّحت بإيمانها وبمقاومتها وجهدها القليل للحفاظ على ما تركه لها من الضّياع والالتهام فى أفواه الكبار والأقوياء الذين تمتلئ بهم الدّنيا، ويقتربون منهم بقوة كي يلتهموهم جميعاً وهي أولى الضّحايا.. جميلة كانت.. تبدو عليها أمارات الحسن التي تبرز بقوّة من بين ملامح وجهها الطفوليّ البريء.. جسدها البضّ مطمع لكلّ صاحب رغبة، سواء كان صاحب جاه أو بائعاً متجوّلاً أو فلاحاً بسيطاً أو حتّى عابر سبيل قادته ظروفه إليها..

لم يكن هدفها الرّئيس مجرد إطعامهم وستر أجسادهم رغم ضرورة ذلك كي تستمرّ الحياة.. بل كان هناك هدف أكبر وغاية أسمى من كلّ الغايات، وهي أن تحوّل هذا الكوخ إلى بيت جميل تبنيه بكدّها وتعبها وعرقها وشقائها المستمرّ حتى يحيمها هي وأولادها.. لم تترك نشاطاً تجاريّاً يدرّ عليها بعض القروش إلا وسعت إليه وقامت به كي توفّر منه مأكلاً ومشرباً وملبساً لأولادها وتكفيهم شرّ الحاجة.. وتقوم بتوفير بعض القروش القليلة المتبقيّة من أجل تحقيق حلمها فى بناء البيت..

كانت تجمع الخضراوات كالفجل والكرّات والجرجير التي كانت تنمو حول الكوخ وتذهب بها إلى سوق القرية أو سوق المركز، كي تبيعها، ومع هذه الخضراوات كانت تجمع بيض الدّجاجات التي تقوم بتربيتها والتي دبّرت ثمن شرائها بصعوبة بالغة حتّى تزيد من دخلها قروشاً أخرى تعينها على تحقيق حلمها الكبير.. ولم تكن تكتفِي بذلك فقط؛ بل قامت بمساعدة أبنائها بإعداد قارب خشبيّ بسيط من خشب الأشجار التي كانت تقع حول الكوخ وكانت تستخدم هذا القارب فى نقل العابرين من شاطئ النّيل الغربيّ حيث يقع كوخها، إلى شاطئ النّيل الشّرقيّ، مقابل بعض القروش، لتزيد من دخلها الذي تحاول كلّ يوم وبكلّ الطّرق أن تزيده..

كما أنّها كانت تستغلّ تلك المساحة ـ الفضاء الممهّدة بجانب الكوخ، وتقوم بتحصيل رسوم من أصحاب الماشية، التي كان أصحابها يريدون أن تشرب من مياه النّيل القريبة، وكلّفت أحد أبنائها بمتابعة هذا العمل كلّ يوم.. كما أضافت خدمة غسل الماشية وتنظيفها إذا أراد أصحابها ذلك مقابل قروش أخرى تحصلها على تلك الخدمة الجديدة.. كانت أيضاً عند عودتها من سوق المدينة تشتري جركن الكيروسين، كي تبيعه لأهل القرية الذين يستخدمونه كثيراً فى حياتهم اليوميّة، وتحصل المزيد من الأرباح وتزيد من فرصها في تحقيق حلمها القديم..

لم تكن تملّ من حياتها أو تتذمّر، فقد كان تزايد ما تقوم بتوفيره من قروش يوماً بعد يوم، يساعدها على المواجهة ومواصلة الجهاد.. توسّعت في أنشطتها التّجاريّة أكثر وأكثر،

وتزايدت معها مطالب أولادها، الذين يكبرون أمام عينيها ولا يتطوّع الكثير منهم في التّعاون معها أو مساعدتها للتّخفيف عنها وحمل العبء ولو قليلاً.. كانت تغيب كثيراً عن الكوخ لمتابعة أنشطتها التّجاريّة المختلفة بحثاً عن قرش زيادة هنا أو هناك أو "سبّوبة" كما تقول دائماً من الممكن أن تزيد من ثروتها الصّغيرة التي تزيد، حتى تفتّق ذهنها عن فكرة رائعة تستطيع من خلالها أن تجني الكثير من المال، الذي تسعى إليه، فالكوخ مبنيٌّ على بداية الطّريق الوحيد بالقرية الذي يؤدّي إلى المنطقة الأثريّة القابعة شرق النّيل، وتمثّلت فكرتها فى تقديم وجبات سريعة وخفيفة ومتميزة للسّائحين المنتظرين لوصول "اللّانش السّياحيّ"، الذي يقلّهم إلى الضّفّة الأخرى من النّهر، فقد كانت الوجبات عبارة عن فطير فلاحي مشلتت بالزّبدة الفلاحيّ وقليل من الجبن الفلاحيّ القديم، الذي كانت تعتّقه فى بلاليص المشّ التّي كان يعجّ بها الكوخ وتملؤه برائحة نفّاذة كريهة، سرعانما تعوّد عليها أولادها بعد مزيد من الرّفض والشّدّ والجذب بينها وبينهم، ولكنّهم في النّهاية انصاعوا تحت رغبة والدتهم فى المضيّ قدماً في تحقيق حلمها.. تتوالى الأيّام عليها والقروش تتزايد فى يديها، وكانت كلما جنت قروشاً جديدة؛ ترى حلماً قد اقترب من التّحقّق..

ظلّ الوضع هكذا أيّاماً وشهوراً حتى كان يوم حدث فيه ما لم تكن تتوقّعه، ولم تعمل له حساباً، فقد تمرّد عليها الأولاد وتذمّروا على عيشتهم معها في الكوخ وانتفضوا ضدّها.. لم تفلح كلّ محاولاتها في كسب تعاطفهم معها من خلال سرد تضحياتها

براحتها وشبابها، وأنّها لم تتزوّج من أجلهم، فقد كانوا منظّمين ومتّفقين على كلّ شيء فيما بينهم، ومطلبهم الوحيد هو أن ترحل عنهم.. ترحل إلى أين؟ لا هي تعرف ولا هم دلّوها على الوجهة التي يرغبون أن ترحل إليها؟

لا تستطيع أن تتخيّل ترك كلّ هذا وترحل ولم يستوعب عقلها البسيط تمرّد أولادها عليها، فلا يوجد سبب واضح ذكروه لها يبرّر لها أو لهم طلبهم العجيب هذا.. ترك الأولاد جميعاً الكوخ وافترشوا مساحة الأرض الفضاء التي أمامه، والكلّ ينادي برحليها من الكوخ وضرورة أن تمشي الآن قبل غد، وحاولت أن تذكّرهم بالكثير مما فعلته من أجلهم، وشبابها الذي أفنته من أجل راحتهم: جسدها الذي وهن كي يعيشوا أصحّاء وأقوياء.. ولكن لم يكن أحد منهم يريد أن يستمع إليها وإلى شكواها، ولا حتّى يرقّ قلبه لدموعها الغزيرة التي كانت تنهمر من عينيها الكليلتين.. لم يعد أحد منهم يريد منها أن تبقى أكثر من ذلك في الكوخ، ولا بدّ أن ترحل ولا بدّ أن تتركهم.. حاولت أن تدير معهم حواراً علّها تصل في النّهاية إلى توافق بين رغبتهم ووجودها معهم، وتعرف من خلاله أسباب طلبهم العجيب هذا، أو الوقوف على سرّ الإصرار على تنفيذ هذا الطّلب، لكنّهم جميعاً رفضوا ذلك كأنّهم مبرمجون على أمر واحد فقط وهو رحليها عنهم.. ثلاثون سنة كانت تلضم فيها عقد الوقت بين ثانية ودقيقة وساعة ويوم وشهر وسنة، حتى يكبروا ويعاونوها، عمر كامل ضاع هباءً..

كانت تتفانى كلّ يوم من أجلهم ومن أجل راحتهم ورعايتهم.. كانت تتجرّع الذّلّ والهوان والألم كلّ لحظة من أجلهم، وفي نهاية

المطاف كانت مكافأة نهاية الخدمة، هي طردهم لها ومطالبتهم برحيلها عنهم وعن الكوخ الذي شهد كلَّ أيّام تعبها وشقائها وكدّها وسهرها من أجل إسعادهم.. عاودت الكرّة مرّة أخرى، وحاولت أن تذكّرهم أيضاً بكلّ ما كانت تفعله ولكنّ موقفهم ثابت لا يتغيّر.. لا أحد منهم يريد أن يتراجع عن موقفه، ولا أحد يريد أن يعيد حساباته مرّة أخرى، ولا أحد منهم يريد أن يستمع إليها أو يرقّ قلبه لتوسّلاتها ودموعها، أو حتى لكبر سنّها ومرضها الذي نال الكثير من جسدها.. حاولت جذب الابن الأكبر فقد يكون له تأثير على باقي إخوته، وتذكيره بكلّ ما كانت تفعله منذ أن نبتت لحيته، التي أطلق لها العنان حتّى كادت تلتهم وجهه كلّه..

تذكّره بنصائحها الكثيرة التي كانت تسكنها أذنيه كلّ ليلة، حتّى يبتعد عن الطّريق الذي يسير فيه، وتلك الجماعة التي كان ينضمّ إليها ويحرص على أداء الصّلوات مع أعضائها.. ويسير وراء أفكارهم حتّى زجّ به في السّجن وكادت تقدّم جسدها وجبة شهيّة للباشا، حتى يتوسّط له، كي يخرج من المعتقل، لولا أنّه رقّ لحالها وتوسّط بالفعل لدى المسؤولين لخروجه من المعتقل بدون أن يلمسها.. حاولت أن تذكّره بالكثير والكثير الذي قامت به من أجله..

حاولت بكلّ قوّة استمالته ناحيتها ومساعدتها لمواجهة باقي إخوته، لكن أصمّ أذنيه عنها ولم يستمع إليها ولم يشأ أن يبادلها الحوار مرّة أخرى.. لم تيأس ولم تتردّد فى إعادة المحاولة مرّة أخرى مع ابنتها الكبرى التي رأتها ذات ليلة مع ابن شيخ البلد، فحاولت أن تشرح لها كثيراً وقتها.. لماذا كانت تقدّم التّنازلات

له، حتى يتركها تمارس أنشطتها التّجاريّة بكلّ حرّيّة بدون مطاردة أو مضايقة، ورغم أنّها لم تقتنع وقتها بكلّ مبرّراتها إلا إنّها غفرت لها وأخذتها في حضنها، وحافظت عليها، كي تحميها من كلّ الذّئاب، ومن نفسها وتفكيرها الذي كان من الممكن أن يودي بالبيت كلّه إلى التّهلكة..

حاولت كثيرا مع ابنتها الكبرى ولكنّها أيضاً لم تستمع إليها ولم تقتنع كما تقول (بالأسطوانة المشروخة)، التي تتلوها أمّها عليهم كلّ يوم عن تضحياتها وتنازلاتها من أجلهم.. تركتها وحاولت مع ابن آخر وابنة أخرى وأخذت تمرّ على أولادها الواحد تلو الآخر، علّ أحدهم يرقّ لحالها ولكنّها صدمت بتصميم غير عاديّ من الجميع على الثّبات على موقفهم وضرورة ترحليها عن الكوخ؛ ولتذهب إلى أيّ مكان تريد أن تذهب إليه برغبتها وإرادتها.. حاول الكثيرون التّدخّل لحلّ هذه المشكلة الكبيرة، التي أرّقت مضجعها وقلبت حياتها إلى جحيم لا يطاق.. فقد حاول معهم شيخ البلد وشيخ الخفراء وكذلك حاول العمدة التّدخّل، حتّى الباشا الكبير نفسه حاول التّوسّط بينها وبين أبنائها كي يثنيهم عن موقفهم، ونزل من مقامه، وذهب إليهم في تلك السّاحة الموجودة أمام الكوخ، وهي نفسها مكان اعتصامهم ضدّ والدتهم، وحاول إقناعهم بالعدول عن رغبتهم تلك وعن مطلبهم الغريب هذا، ووعدهم بتحقيق كافّة مطالبهم الأخرى التي تمثّلت في مشاركتهم في صنع القرار داخل الكوخ، وكذلك توزيع الدّخل بينهم بالتّساوي وحرّيتهم فى إبداء آرائهم والأخذ بها، ولكن كلّ ذلك ذهب في مهبّ الرّيح وبقي الحال كما هو

عليه.. هم معتصمون في السّاحة الواسعة الممهّدة أمام الكوخ، وهي بالداخل لا تريد أن تخرج ولا تعرف كيف يكون مصيرها ومصيرهم.

صوت الموت

لم يكن لشجاعته أو لقوة شكيمته أو قلبه الميت كما يقولون عنه دائماً؛ أو لجسده مفتول العضلات أو شخصيّته القويّة، أسباب لاختياره هذه المهنة الشّاقّة وارتضائها لنفسه، كي تكون مصدر دخله وقوت يومه هو وأولاده..

وقبل أن يوقّع على صكّ استلام وظيفته الجديدة، أراد أن يريح ضميره وأن يأخذ فتوى شرعيّة بحلال قبضه للأرواح تحقيقاً للعدل.. فذهب إلى أحد المسؤولين عن ذلك؛ أفتاه بشرعيّة عمله وأخبره أنّه ليس فيه معصية للخالق جل وعلا، أو مخالفة للشّريعة.. وأنّ دخله من هذا العمل هو دخل حلال مصفّى فقد كان يقبض الثّمن عن كلّ روح يقبضها، ذلك الثّمن الذي كان يعينه على مواجهة طلبات أولاده ومحاولة إشباع نهم زوجته الذي لا ينتهي.. لم يكن يعير اهتماماً لنظرات الخوف التي تبدو في عيون كلّ من يعرف مهنته، كما أنّه ألِف لقبه الجديد منذ أن تولّى عمله وأصبح النّاس ينادونه به كلما احتاج أحدهم إليه في أيّ أمر: عشماوي..

لم تكن حياته تسير فى رغد وسعادة وهناء بل كانت حياة صعبة وقاسية، يحاول تخطّي صعابها.. وزاد من صعوبتها ابتلاء الله تعالى له بزوجة متمرّدة، كثيراً ما كانت تعايره بمهنته وتضيّق عليه حتّى تمنّى يوماً أن تكون إحدى زبائنه على المشنقة.. لم يكن يساعده على تحمّل كلّ هذا سوى نظرة عينيه المملوءة بالدّفء والحنان لأولاده الثلاثة: ابنته الكبرى وولديه.. كان يبلع كلّ مرّ كي يعبر بهم إلى برّ الأمان.. أتقن عمله واكتسب خبرات كثيرة أصبح معها على دارية كاملة بنفسيّة كلّ من يمرّ عليه لتنفيذ حكم الإعدام.. كان يفرح كثيراً عندما يكون فى اليوم الواحد أكثر من تنفيذ لحكم الإعدام لأنّ معنى ذلك أنّه سوف يقبض أرواحاً أكثر، ويزيد معها المقابل أكثر وأكثر حتّى يستطيع أن يلبّي طلبات زوجته التي لا تنتهي، وكذلك يستطيع أن ينعم بيوم أو ساعات قليلة بدون نكد أو مشاحنات تعوّد عليها كثيراً.. وكان أيضاً بحكم وظيفته يتحتّم عليه إعداد من سوف يخلفه وتجهيزه وتدريبه، وهذا البند كان جديداً، لأنّ المصلحة التي قامت بتعيينه تعبت كثيراً حتى وجدت من يصلح للقيام بالمهمّة بعد رحيل العشماوي السّابق، الذي تولّى مكانه العمل وحتّى لا يتكرّر الأمر وضعت هذا البند كشرط أساسيّ في قبول الوظيفة، وهو إعداد خليفته حتّى يكون البديل جاهزاً للعمل إن حدث له طارئ ما أو توفي..

لم يفلح طوال السّنوات الماضية بالقيام بهذه المهمّة، فقد فشل مع كلّ المرشّحين لتولّي العمل بدلاً منه، إمّا لعدم استعداد المرشّح أو لعدم توافر الشّروط المطلوبة لمثل هذه المهمّة،

أو لضعف قلب البعض الآخر وعدم تحمّله قبض الرّوح، أو من تعلّل بعد تحمّله سماع صوت الموت الذي كان يزعق فى أذنيه حينما كان يساعده، ومنهم من مات بالسّكتة القلبيّة عند أوّل تدريب عمليّ على المشنقة ورأى المحكوم عليه متدلّياً من الحبل.. تعدّدت الأسباب واختلفت وفى النّهاية النّتيجة واحدة، لم يستطع تنفيذ الشّرط المطلوب منه..

أحكام كثيرة نفّذها بدون مساعد حتّى اعتاد العمل وحيداً.. إلا فى بعض الحالات النّادرة؛ والتي كان يحتاج فيها إلى مساعدة، حيث كان يقوم بهذه المهمّة أحد افراد الشّرطة الموكلين بتنفيذ الحكم من قبل إدارة السّجن، الذي تتمّ فيه هذه الأحكام.. حتّى كان يوم رشح له مأمور السّجن فيه أحد المسجونين ليتولّى تدريبه حتى يكون جاهزاً للعمل بدلاً منه عندما ينهي فترة عقوبته. لم يكن لديه سلطة الاعتراض على هذا التّرشيح وكذلك لم يكن لديه الرّغبة في القيام بهذه المهمّة، مع أحد أرباب السّجون، ولكنّ مدير السّجن رأى فيه المواصفات المطلوبة ورفع مذكرة لرؤسائه بالأمر فجاءت الموافقة وبدأ معه العمل على مضض وبدون شهيّة أصلاً للعمل.. ظلّ يقبض الأرواح والمساعد يتقدّم فى التّدريب ويكتسب المهارات ولكنّه لم يمتلك بعد القدرة الكاملة حتّى الآن كي يستطيع أن يقوم بهذه المهمّة وحده، رغم امتلاكه للكثير من مواصفات من يقوم بهذه المهمّة.. ضاق ذرعاً بمساعده وبالعمل وبزوجته.. وضاقت عليه الحياة أكثر حينما فشل أولاده في استكمال دراستهم، فقد كانوا هم مَن يتحمّل من أجلهم كلّ شيء: مشقّة وظيفته وخلافات زوجته وغباء مساعده الجديد،

ذلك المساعد الذي يحبّه كان كثيراً.. عقد العزم على التّخفّف من بعض هذه الأعباء، فقد اختمرت في ذهنه فكرة أن يتخلّص من زوجته نهائيّاً ويدبّر الأمر ليظهر كأنّه حادث سرقة أو قضاء وقدر، لم يكن يعلم وهو يدبّر خطّته ويخطّط لتنفيذها أنّ ابنه الأصغر يراقبه ويراقب كلّ تجهيزاته..

ذات صباح طلب من أبنائه أن يتوجّهوا إلى منزل عمّهم في منطقة أخرى بعيدة عن منزلهم، حتّى يتمّ إخلاء المنزل لتقوم والدتهم بالتّنظيف والتّرتيب كما تعوّدت، وانصاع الأبناء لطلب أبيهم إلا ابنه الأصغر فقد كان يكره الذّهاب إلى بيت عمه لأنّ زوجة عمّه لا تحبّه، هكذا كان يشعر وكذلك كان ابن عمّه الأكبر يرهقه بكثرة المشتريات التي كان يرسله لإحضارها.. فتظاهر الابن الأصغر بالانصياع لأوامر أبيه، واختبأ أسفل السّرير، وحين اعتقد الأب أنّه وحده، ولم يكن هناك ما يدعو للقلق ولا تنقصه المهارة ولا القدرة في قبض الرّوح بسهولة؛ وبدون أن يترك خلفه أيّ دليل عليه.. في لحظات سريعة نفّذ ما نوى على فعله والابن الأصغر أسفل السّرير، يتابع كلّ شيء وقد انتابته حالة من الفزع والهلع والخوف التي كادت تجعله يصرخ بأعلى صوته ويفتضح أمر وجوده أسفل السّرير، لولا خوفه من أن يكون مصيره نفس مصير أمّه..

ورغم أخذه لكافّة الاحتياطات وجعل الحادث يظهر كأنّه حادث اعتداء بغرض السّرقة، وبعد أن قام بإبلاغ الشّرطة لعمل اللّازم وتمت معاينة النّيابة، كاد الأمر يسير في هذا الاتّجاه فعلاً؛ لولا أنّ الطّفل صرخ في وجه وكيل النّيابة الذي يقوم بالمعاينة

وقال بصوتٍ عالٍ: "أبي هو القاتل.. نعم، أبي هو من قام بقتل أمي وأنا رأيت كلَّ شيء.. رمقه أبوه بنظرة ناريّة وحاول أن يبعد الشّبهات عنه ويقول لوكيل النّيابة: "هل من الممكن أن تعتدّ بهلوسة طفل صغير لا يعي ما يقول؟" ولكنّ وكيل النّيابة أخذ الأمر بجدّيّة وتابع اعترافات الطّفل كاملة، وسريعاً تمّ القبض على الأب ووضعت بيديه "الكلبشات" وتمّ اصطحابه إلى قسم الشّرطة لمواصلة التّحقيقات..

لم يدرِ ما فعل ولم يعرف مصيره، وقد جالت فى ذاكرته سريعاً كلَّ صور من قام بقبض أرواحهم وطفرت إلى ذهنه صورة مساعده، وهو يعدّ المشنقة لتنفيذ الحكم.. انتهت التّحقيقات وتمّ تحويله للمحاكمة التي انتهت بالحكم بإحالة أوراقه إلى فضيلة المفتي بتهمة القتل العمد مع سبق الإصرار والتّرصّد، وكذلك تمّ رفض نقض الحكم، وتأكيد الحكم السّابق بالإعدام شنقاً.. ارتدى البدلة الحمراء ولم يكن مساعده قد أنهى تدريباته بعد حتّى يكون جاهزاً لتنفيذ حكم الإعدام، فأمره مدير السّجن وهو يرتدي البدلة الحمراء بضرورة مواصلة تدريب مساعده حتّى يستطيع أن يقوم بمهامه كاملةً.. مشاعر متناقضة كانت تنتابه بين الحين والآخر فكيف يكون مخلصاً مع شخص يعدّه ويجهزه كي يقبض روحه.. كيف ينهي التّدريبات بهمّة وإخلاص وهو يعلم أنّه فور انتهائه منها سوف يتمّ تنفيذ حكم الإعدام ويكون هو أوّل من يقبض المساعد روحه.. الأيّام تجري بسرعة ومساعده يتقدّم بصورة مذهلة فى التّدريبات حتّى إنّه نجح في التّدريب العملي الذي يقوم به على إحدى الدّمى حتّى يعالج الأخطاء التي قد يقع فيها

وتؤدّي إلى عدم قبض الرّوح من أوّل سحب ليد المقصلة.. في صباح أحد الأيّام نفّذ المساعد فيه الحكم بعد أن سمع آخر صرخة لصوت الموت فى أذنيه.

الفنان

فتى وفتاة وبينهما مساحة ليست قليلة من الأرض المكسوّة بالأخضر النّابت والورد والرّيحان والياسمين، الذي يحاول نشر عبيره في تلك المساحة التي اقتطعاها من جسد الطبيعة وابتسامة على الشّفاه.. طفوليّة حائرة في براءة ما.. لا تعرف لها شيئاً محدّداً ترسو عليه، يسمح برؤية تلك الابتسامة انخفاض أعواد الأخضر والورد والرّيحان والياسمين، وفي الأعلى في تلك المنطقة التي تميل نحو الشّرق؛ شمس ترسل ابتسامة هادئة كتلك المرسومة على الشّفاه بطفوليّة حائرة في براءة ما، تريد أن توحي باللّون المطلوب منها لحظة الإحساس بالجسد.

ركن فرشاته.. تأمّل ثم سرح قليلاً.

شابّ وشابّة وبينهما مساحة ليست قليلة من الأرض المكسوّة بالأخضر النّامي في أطوال رائعة والياسمين الذي بدأ يبعثر ألوانه وروائحه في كلّ مكان من تلك القطعة التي اقتطعاها من جسد الطّبيعة.. وابتسامة على الشّفاه.. جريئة.. مستقرّة.. تحسّ ولا ترى.. يمنع رؤيتها تلك الأعواد المرتفعة من الأخضر النّامي في أطوال رائعة ويزكّي الإحساس بها تلك الرّائحة الياسمينيّة

التي تنقل لهما روعة الإحساس بأنّ هناك آخر، وفي الأعلى في تلك المنطقة المتأرجحة والتي لا تميل ناحية الشّرق بشيء أو ناحية الغرب بشيء؛ شمس ترسل ابتسامتها الجريئة في صخب عجيب، تريد أن توحي باللّون المطلوب منها لحظة إحساس بالآخر.

ركن فرشاته.. تأمّل ثم سرح قليلاً.

رجل وامرأة وبينهما مساحة ليست قليلة من الأرض الجدباء، التي تريد أن تقول شيئاً ولا تستطيع.. ضياع الأخضر وذبول الورد والرّيحان؛ محاولات الياسمين المستميتة لجمع أريجه الذي بعثره في كلّ مكان، حتى يستطيع أن يعيد له الحياة أو بعض الحياة التي افتقدها..

كلّها أشياء أفقدت المنطقة التي اقتطعاها من جسد الطّبيعة الكثير من جمالها؛ وابتسامة على الشّفاه ذابلة لا تحسّ ولا ترى.. يمنع الإحساس بها ذلك التّبلّد الواضح على الجسدين ويمنع رؤيتها تلك النّظرة الكليلة التي لا تستطيع أن ترى شيئا أمامها، رغم صحراويّة المساحات الممتدّة على المدى.. وفي الأعلى في تلك النّاحية التي تميل نحو الغرب، شمس ترسل ابتسامة صفراء كالحة تريد أن توحي باللّون المطلوب منها لحظة الإحساس بأنّ هناك شيئاً ما، قويّاً قادماً لا محالة، وفي الأسفل مبنى منخفض من أربعة حوائط وسقف أسمنتيّ وباب حديديّ يرغب في أن يفتح ويغلق سريعاً، وبجواره مبانٍ أخرى كثيرة منخفضة أيضاً بُعثرت حولها أشجار صبّار صغيرة ذات حواف شائكة، وعلى البعد يجلس شيخ طاعن في السّنّ يتلو آيات العزيز الحكيم.

ركن فرشاته وراح يتأمّل اللّوحات في هدوء عجيب.

الساقي

ارتعش الكوب في يده بشدة ثم اهتز جسده كله وسقط الكوب منه فوق ملابس الملك مباشرة.. فزع الملك ووقف منتفضاً وهب جميع من كانوا في مجلس الحكم مرة واحدة، وحدثت جلبة عظيمة وسارع الحراس بالقبض على الساقي الآثم الذي تجرأ وسكب كوب الماء فوق ملابس الملك.

كان الساقي واقفاً في سكون منكساً رأسه إلى أسفل ولا يعرف ما حل هذه الكارثة التي حلت به.. فلم يجد مخرجاً منها سوى ذرف قليل من الدموع التي بللت لحيته الطويلة.

أشار الملك بأن يعود الجميع إلى أماكنهم وأشفق على الساقي العجوز وأعاد الأمر كله إلى تقدم الساقي في العمر، وأن أعصاب الرجل لم تعد تحتمل ثقل كوب الماء الذي يقدمه له كلما أراد أن يشرب، كما أن الملك كان يحب هذا الساقي كثيراً لأنه كان ساقياً لوالده الملك أيضاً قبل أن يتوفاه الله تعالى بمرض عضال.. لم يشأ الملك أن يعاقب الساقي ولم يشأ أن يشعره بأنه ارتكب جرماً في حق نفسه وحق مَلِكِه الذي يحبه كثيراً.

تكررت الحادثة مرات ومرات وفي كل مرة كان الملك يلتمس العذر للساقي العجوز لكن الأمر كان في تزايد مستمر، مما ضجر معه الملك لعدم قدرة الساقي العجوز على التحكم في أعصابه.. تناثرت الأسئلة تلو الأسئلة في عقل الملك؛ ماذا أصاب الساقي؟ وما العلة التي هاجمت جسده وأفلتت أعصابه بهذا الشكل؟

تساؤلات حائرة جالت في عقل الملك ولم يجد لها جواباً، ومن أجل رغبته الملحة في العثور على إجابة، فقد أمر بعقد اجتماع عاجل يجمع حكماء وأطباء القصر حتى يفحصوا الساقي ويدرسوا حالته ويقوموا بتقديم الإجابات الشافية لكل تساؤلات الملك الحائرة.

اجتمع حكماء وأطباء القصر، وقاموا على الفور بفحص الساقي فحصاً دقيقاً ولكن نتيجة الفحص لم تمنحهم القدرة الكافية للإجابة على تساؤلات الملك فالرجل معافى تماماً من جميع الأمراض النفسية والعضوية، وهو أيضاً خالٍ تماماً من جميع الأمراض المعدية وصحته في كمالها حتى أمراض العجز والشيخوخة لم تزحف على جسده القوي بعد.

احتار الملك كثيراً واحتار معه الأطباء والحكماء، وبين حيرة الجميع أشار أحد الحكماء على الملك بأن يغير الساقي بآخر يكون شابّاً يافعاً وقويًا، يستطيع أن يقدم الشراب للملك دون أن يبلل ثيابه في كل مرة. لكن الملك رفض هذا الاقتراح تماماً، حيث إنه يحب هذا الساقي كما أنه لا يثق في أي ساقٍ جديد، قد

يدس له السم فى الشراب ويقتله، فأمر الملك بأن يجمع جميع أطباء وحكماء المملكة بأسرها، ما دام أطباء وحكماء القصر عجزوا عن إيجاد إجابات شافية لتساؤلاته عن صحة الساقي وأسباب سقوط الكوب منه في كل مرة يقدم فيها الشراب للملك، فاجتمع أطباء وحكماء القصر مع جميع أطباء وحكماء المملكة، وأخذوا يفحصون الساقي ويدرسون حالته جيداً وأمضوا فى ذلك الأيام والشهور والسنين، ولكن أحداً لم يفلح في الوصول إلى الأسباب الحقيقية وراء ما أصاب الساقي من رعشة في الأعصاب، واهتزاز للجسد كلما تقدم للملك بكوب الشراب.

ازدادت حيرة الملك وتعجبه من المستوى المتدني لجميع حكماء وأطباء المملكة حتى الذين اصطفاهم لنفسه في القصر الملكي، مما جعل الشك والريبة يهاجمانه بقسوة خشية من عدم قدرتهم على علاجه ومداواته لو أصابه مكروه ما، وقرر الملك أن يطرح القضية برمتها على مجلس الحكم والنظار جميعهم، عله يجد عند أحدهم جواباً شافياً يوضح له أسباب ما وصل إليه الساقي من حالة متردية.. وبينما مجلس الحكم مجتمعٌ بأكمله وهم يناقشون الأسباب الحقيقية وراء ما حدث للساقي إذ بأمير صغير من أبناء الملك كان يلهو بجوار مجلس الحكم، وكان لا يشعر بوجود أبيه في حياته أو وجود أمه كذلك، حيث كان يقوم بتربيته مربون متخصصون في ذلك ويعلمه معلمون متخصصون أيضاً، فلم يشعر الأمير بأهمية وجود أبيه وأمه في حياته قط وكثيراً ما يحنق عليهما لأنه يريدهما في حياته.

صاح على الجميع فجأة وقال: لا ترهقوا أنفسكم.. هذا الرجل مقهور مقهور..

نطقها الجميع في نَفَس واحد، بمن فيهم الملك، الذي صاح في الأمير الصغير بغضب وقال له:

- مقهور.. ما تعني بكلمة مقهور هذه يا أمير؟

رد الأمير الصغير:

- مقهور يعنى مقهور.

- وهل تظن أن أباك ظالم حتى يقهر أحب الناس إليه؟

- أنا أعرفك تماماً يا أبي وأعرف حبك له، كما أنني أعلم أنك عادلٌ فى حكمك، ولكن ما أصاب الساقى هو القهر.

- تعود مرة أخرى إلى هذه الكلمة يا أمير؟!

- أنا قلت ما أعرفه يا أبي وأنت من علمنى ألا أقول إلا ما أعرفه.

- ولكن من أين لك المعرفة وأنت ما زلت صغيراً؟

- المعرفة ليست لها سن يا أبي.

- أحسنت يا أمير. اذهب الآن إلى معلميك أو مربيك، علهم يحتاجون إليك في أمر ما.

- سمعاً وطاعة مولاي الملك.

ذهب الأمير الصغير إلى أمه الملكة ثم اتجه الملك نحو مجلس الحكم وقال لهم بحزم: ما رأيكم؟

نطق الجميع في نَفَس واحد:

- رأينا؟ في أي شيء تريد رأينا يا مولانا الملك؟

- فيما قاله الأمير يا سادة؟

ضحك الجميع وقالوا في نَفَس واحد:

- إنه طفل صغير يا مولاى. هل سنحكم المملكة بآراء الأطفال؟

- لكنني مقتنع بكلامه، فما رأيكم؟

- الرأي لمولانا أولاً وأخيراً يا جلالة الملك.

- إذنْ فلينفض المجلس ونبحث عن أسباب قهر الساقي والحالة المتردية التى آل إليها.

انفض مجلس الحكم سريعاً وأخذ الملك يفكر كثيراً فيما قاله الأمير، ويحاول أن يبحث في ثنايا ذاكرته، عن أي مواقف أو قرارات؛ كان قد اتخذها أو حفظتها ذاكرته عندما كان شابّاً يشارك والده الحكم، قبل أن يتولى هو شؤون المملكة؛ كانت ضد الساقي وجعلته يصل إلى الحالة المتردية التي هو عليها الآن، لكنه لم يجد، وكاد عقله أن ينفجر من التفكير.

في هذا التوقيت تماماً دخل عليه الساقي حاملاً كوب الشراب، وقبل أن يتقدم إلى الملك عاجله الملك بكلماته المتسارعة:

- ضع كوب الشراب عندك على المنضدة وتعال إليّ.

ازدادت رعشة الساقي وخاف أن يكون الملك قد سئم منه ومن حالته، وأن حبه له قد اختفى، وسيحكم عليه حتماً بقطع رأسه.

بكلمات مرتعشة خرجت بصعوبة من فم الساقي الجاف:

- سمعا وطاعة يا مولاي الملك.

- قل لي؛ هل تشعر معي بالقهر يا ساقيَّ العزيز؟

بهت الرجل من كلام الملك ورد بسرعة شديدة: حاشاك يا مولاي.. إني أحيا فى رغد من العيش وسعيدٌ بقربى منك، وسعيدٌ أكثر بحبك لي؛ الذي أشعر به من نبرات صوتك وجلالتك تتحدث معي.

- قلت لك هل تشعر معي بالقهر؟

ارتبك الساقي العجوز وعادت له الرعشة أكثر من الأول حتى إن قدميه لم تعودا تقويان على حمله، فاستأذن الملك أن يجلس على إحدى الوسائد القريبة، فأذن له الملك على الفور إكراماً له ولحبه الشديد له.

جلس الرجل واضعاً وجهه بين كفيه والدموع تنهمر بغزارة من عينيه.

- لم تُجبني.. هل تشعر معي بالقهر؟

لم يستطع الساقي أن يفتح فاه وظل صامتاً حتى صاح عليه الملك:

- إني أنتظر إجابتك فهل سوف يطول انتظاري أيها الساقي الجميل؟

الكلمات الأخيرة أدخلت الراحة والسكينة على نفس الساقي، وكف قليلاً عن البكاء، وتحرر كثيراً من تحفظاته وقال للملك:

- أنا لا أعرف ما أنا فيه! قهرٌ أم ماذا يا مولاي الملك!

- إذنْ احكِ لي عما أنت فيه يا رجل يا طيب.

اعتدل الساقي في جلسته حتى أصبح وجهه في مواجهة وجه الملك مباشرة وقال له:

- لقد انتزعني والدك الملك وأنا طفل صغير من أحضان أمي ودفء أبي، وجاء بي إلى القصر هنا دون رغبة مني، فقد كنت صغيراً أو لا أعي أهمية أن تكون ساقياً للملك، ومنذ ذلك اليوم لم أرَ أبي وأمي وإخوتي أو حتى أعرف عنهم أي شيء، وظل هذا الأمر محبوساً في داخل روحي طيلة هذه السنوات كلها، ولم أشأ أن أفضفض مع أحد أو أخبر أحداً. وقد كنت حتى وقت قريب راضياً بما كتبه الله تعالى لي، وسعيداً بقربي منك، مثلما كنت فرحاً وسعيداً مع والدك الملك.

عندما كَبِرتُ وفهمتُ الدنيا، وفهمتُ معنى أن تكون ساقياً للملك، وتعيش في قصر الحكم بجانب الملك والأمراء ونظار الحكم..

- وماذا أيضاً؟

لا شيء يا مولاي، فجأة انفتح جرح روحي على مصراعيه، وظلت روحي تنزف منه حتى خارت قواي، ولم تقوَ أعصابي على حمل شيء.

- رائع كلامك أيها الساقي الجميل.

تعجب الساقي وظن أن الملك سيستهزئ بكلامه، وأن قراره بقطع رأسه قادم لا محالة.

- إني معجب جداً بصراحتك وبتلقائيتك، ومن أجل هذا سوف أجعلك كبير السقاة بالقصر، وتشرف بنفسك على مجموعة السقاة الشباب الذين سوف يختارهم ناظر النظار بنفسه، وسوف أشدد عليه ألا يحضر أحداً عنوة أو ينتزعه من حضن أمه أو دفء أبيه.

فرح الساقي بقرار الملك ونسي نفسه تماماً، حتى كاد من فرحته أن يأخذ الملك في حضنه، إلا أنه تراجع أخيراً عندما وجد لمعاناً غريباً في عيني الملك، وحاول أن يتماسك وهو خارج من مقر الحكم من شدة فرحه وسعادته لقرار الملك، إلا أنه سقط مغشياً عليه، بينما راح الملك يفكر في أمر الأمير الصغير.

ظل الخرافة

غسلت روحها؛ ليس كالمعتاد، بدموعها، بل غسلتها بدمها المقدس.. من هنا كانت تسري البركة بقدمها وجسدها النقي.. كانت البركات تحل على كل من يحف بها كلما سارت.. فالمريض ينال الشفاء.. والأعمى يكاد يبصر ببصيص من نور سرعان ما يتحول إلى إبصار كامل.. المفلوج تتنمل قدماه، وما إن تتجاوزه حتى يقف مهرولاً لنوال البركة المقدسة من يدها الطاهرة.. كل يوم تسير المقدسة في الطريق نفسه ذهاباً وجيئة.. أين تذهب أو كيف تعود..؟!

لا أحد يعرف.. حتى إن أحد الضالعين في معرفة الأسرار المقدسة أراد ذات يوم أن يراقبها حتى يتحقق من بركتها، ولكن جاء لمكان بعينه يعرفه تماماً، وما إن كاد يعرف أين تذهب المقدسة؛ وما تفعل؛ حتى نزلت على عينيه غشاوة أعمته فترة لا يعرف مقدارها، ولم يشعر بأنه مبصرٌ إلا عندما رأى المقدسة عائدة إلى موطنها في كوخ حقير يرقد على حافة الترعة، لا باب له ولا سقف باستثناء نافذة وحيدة يتيمة..

الغريب أنها حينما تكون موجودة بداخله؛ رغم أنها لا تتغطى بأية أغطية، لا أحد يستطيع أن يراها أو يشعر أنها بالداخل؛ إلا عندما تخرج فى مشوارها اليومي، الذي اعتاد عليه أهالي القرية، وينتظرون عودتها لنوال البركة من كفها الطاهر حينما ينكبون عليها ويقبلون كفها المفرودة أمامهم في نهم عجيب، وفي براءة فطرية يحسدون عليها فى الإيمان بالمقدسة وبقدرتها على منح الشفاء للمريض، وفك الكرب للمحتاج، ومنح الأمل لليائس، وتدعيم رغبة الخاطئ في التطهر والتوبة والعودة سريعاً إلى قوة الإيمان.

حار الجميع في أمر المقدسة وأخذوا يعقدون مجالسهم لمناقشة هذا الأمر

الخطير وحاولوا أن ينقبوا في ذاكرتهم الواهنة أو ذاكرة الأرض المهترئة عن أصل المقدسة، وكيف حلت بالقرية، ولكن لا أحد توصل إلى شيء حتى صاح أحد شيوخ القرية وحكمائها وقال:

ـ ما لنا وأصلها؛ أليست تجلب لنا البركة والخير؟ لمَ نفعل بها وبنا ذلك..؟ كفانا جلداً للذات.

حاول أحد شباب القرية الذين نالوا تعليمهم بالخارج، ولا يؤمن بمثل هذه الظواهر؛ التشكيك في المقدسة وقال:

ـ لا بد أن نعرف مَن هي ولمَ جاءت إلينا بالذات، ولمَ تفعل كل هذا وكيف؟

كأنه نطق كفراً، فما إن انتهى من كلامه حتى كادت الأكف

الغاضبة أن تمزقه، ولم يفلح أحد فى تخليصه من غضب الجموع، سوى عصا الشيخ الضرير الذي كان يتسول كل يوم ساعة الظهيرة عند مسجد القرية الوحيد.

ذاع صيت المقدسة في القرى المجاورة حتى إن الجميع كانوا يَفِدون إلى القرية لنوال البركة المقدسة منها، فالكل يعرف موعد خروجها اليومي وكذلك موعد عودتها.. هي لا تبالي بأحد ولا بالذين يتبركون منها، أو الذين يرفضون وجودها.. تعرف تماماً أين هي؛ وإلى أين تسير؛ وما تريد؟

كانت تقلب عينيها في وجوه مريديها وتوزع عليهم الخير من خلال ابتسامة واسعة لا تفارق شفتيها المخضبتين بلونٍ أحمرَ قانٍ كلون الدماء.. ووجه أبيض بض تخشى الشمس على نفسها من الوهج المتقد الطالع منه.. لم تحدّث أحداً في القرية، ولم تشأ أن تكون بينها وبين أحد أي علاقات مِن أي نوع، هي فقط تظهر في وقت ثابت من كل يوم، وتختفي حتى مجيء موعدها المعتاد في اليوم التالي.. زادت حيرة الجميع ولم يستطع أحد أن يفك طلسم وجود المقدسة في قريتهم.

الغريب والعجيب حقّاً أنه منذ أن وطئت قدم المقدسة القرية، لم يسمع أحد عن جريمة قتل واحدة، كما كان معتاداً فيما سبق، أو يسمع أحد عن سرقة مواشٍ، أو حقول الذرة أو البرسيم أو القمح.. كما أنه لم ينزل أحد من مطاريد الجبل لتهديد أهل القرية وسحب خيرها إلى الجبل.. ولم يعد أحد يسمع عن حدوث وقائع زنا ووجود أطفال لقطاء على الجسر أو عند الأجران أو في

الحقول.. الأغرب حقّاً أن أهل القرية تحولت طبيعتهم الجبلية إلى طبيعة سمحة ومسحت وجوههم طيبة حقيقية وليست مصطنعة..

عم الخير والسلام القرية بأسرها منذ حلت بها المقدسة، لكن يظل لغزها المحير يراود الجميع فى البحث عن حله وتفسيره، حتى إنه ذات ليل شتائي ممطر، شوهد عند سفح الجبل الذي توجد عليه القرية، عدد كبير من أفندية القاهرة بهندامهم الوقور وشنطهم المميزة يتجهون صوب دور العمدة، وعُرف فيما بعد أنهم وفدٌ علميٌّ جاء من إحدى الجامعات التي اهتمت بموضوع المقدسة واعتبرته ظاهرة اجتماعية تستحق الدراسة.

ظل الوفد بالقرية أياماً طوالاً، امتدت إلى أشهر عديدة، وصلت إلى سنوات كثيرة، ظلوا فيها يشاركون أهل القرية جلساتهم ومسامراتهم وكذلك التوحد معهم في المشهد اليومي المتكرر للمقدسة، ولكنهم لم يتوصلوا لشيء يمكن من خلاله تفسير ظاهرة المقدسة تفسيراً علميّاً، حتى أن الجامعة التي أوفدتهم يئست من البعثة ومن جدوى وجودها في القرية، لعدم توصلها لأي نتائج، وأرسلت خطاباً للوفد ولعمدة القرية، تؤكد فيه ضرورة عودة الوفد للجامعة، وبعض أفراد البعثة خضع لأوامر الجامعة وعاد؛ بينما ظل البعض الآخر في القرية لمواصلة التقصي والفحص والدراسة العلمية رغم تهديد الجامعة المتواصل لهم بالفصل منها.

ليلاً انسل أحد المتطفلين واخترق حرم كوخ المقدسة المحاط بالخوص ذي الحوافّ المدببة الحادة.. لم يبالِ باختراق هذه

الحواف الحارقة لحم ذراعيه حتى سالت منهما الدماء بغزارة، لطخت ملابسه كلها، بل وضع حجرا كبيراً مهملاً أسفل النافذة الوحيدة في كوخ المقدسة، حتى يرفعه قليلاً عن سطح الأرض، كي يكون في محاذاة فتحة النافذة، حتى يستطيع أن يراقب المقدسة.. نشب أظافره الطويلة في حافة النافذة الطينية واستند بجذعه على الحائط، حتى طالت رأسه فتحة النافذة، نظر مليّاً بالداخل ولكنه كما توقع؛ وكما هو معروف عن المقدسة، أن لا أحد يستطيع أن يراها في الكوخ.. اعتقد أنها تفعل مثل الناس في بيت الراحة، أو أنها اعتادت قبل خروجها اليومي أن تأخذ حماماً ساخناً يعينها على مشوارها اليومي الشاق..

طالت وقفته وطال تحديقه حتى أن عينيه أصابها الكلل وظلتا تذرف الدموع بغزارة كادت أن تستحيل معها الرؤية، لولا أنه أشفق على نفسه وعلى عينيه وجلس يستريح قليلاً فوق الحجر الذي كان يقف عليه ممنياً نفسه برؤية المقدسة في كوخها، أو التوصل إلى أي شيء ولو بسيطاً يعينه ويعين أهل القرية والبعثة العلمية على فك طلسم ولغز المقدسة.. كان بين فينة وأخرى يبدل جلسته بمعاودة الوقوف والنظر بتحديق شديد داخل الكوخ، وكلما نال التعب والإرهاق منه ومن عينيه يعاود الجلوس فوق الحجر.. ظل هكذا حتى قارب موعد أذان الفجر وهو الموعد المحدد بدقة للخروج اليومي للمقدسة من كوخها.. انفرجت أساريره فبكل تأكيد سوف تظهر الآن، كي تبدأ مشوارها اليومي المعتاد.. احتار أين يقف.. هل يظل مكانه حتى يرى المقدسة بوضوح أو يذهب إلى المدخل الرئيسي للكوخ، حتى يراها وهي خارجة

لتوها، ولكن ما حدث لم يجعل حيرته تطول، فقد انفلقت الأرض وانشقت نصفين داخل كوخ المقدسة وانفجر نور هائل كان على هيئة عمود طويل، يربط بين السماء والأرض كادت شدة وميض النور أن تذهب بالبقية الباقية من عينيه، ولم يفق إلا على صوت المهللين المعتاد من المريدين كلما وقعت عيونهم على المقدسة، وهي خارجة من كوخها، تبدأ مشوارها اليومي المعتاد..

هؤلاء المريدون الذين يتكاثر عددهم يوماً بعد يوم كلما تناثرت الحكايات عن بركات المقدسة وقدرتها العظيمة على شفاء جميع الأمراض في القرى والنجوع والمدن المجاورة وحتى البعيدة منها.. ظل الحال كما هو عليه سنوات طوال حتى كان فجراً مرّ سريعاً ولم تخرج فيه المقدسة كالمعتاد.. كسا الوجوم والدهشة الجموع المنتظرة لخروج المقدسة، ولكن طال غيابها حتى علت الشمس وتوسطت السماء من نهار يوم من أيام شهر أغسطس شديد الحرارة..

لم يشأ أحد من المريدين أن يبرح مكانه في انتظار خروج المقدسة لنوال البركة منها، ولكن زيادة زحف الشمس في جسد السماء سرب أي أمل يطل من نفوس المريدين في خروجها هذا النهار القائظ.. افترش البعض الأرض وأخذ يفتح منديله المحلاوي الأصفر، حتى يأكل ما تزود به من طعام يعينه على الصمود حتى يرى المقدسة.. ازداد زحف الشمس حتى كاد أن يأكل ثلاثة أرباع جسد السماء، وزادت سخونتها وحرارتها الملتهبة التي تسقط فوق الرؤوس الممطوطة والأعناق المشرئبة لرؤية المقدسة.. تبدد الأمل تماماً مع انطلاق صوت أذان العصر،

تناثرت اقتراحات المريدين بين الذهاب إلى المسجد لإقامة صلاة العصر ثم العودة مرة أخرى، وبين الهجوم على الكوخ لمعرفة ما حدث، وانتصر اقتراح الهجوم على الكوخ لمعرفة ما حدث اليوم ولِمَ لمْ تخرج المقدسة كعادتها..؟

هجم المريدون جميعهم مرة واحدة على الكوخ القديم الذي لم يحتمل عدد المريدين حتى سقط فوقهم وتحول إلى كومة تراب، وبعد أن نفض الأغلبية من المريدين التراب من فوق ثيابهم التي كانت نظيفة، اقترح أحدهم إزالة كومة التراب علهم يجدونها أسفله، بينما ذهب آخر إلى أن المقدسة رحلت إلى مكان آخر، كى تحل فيه ببركاتها وما قضته معهم من سنوات طوال ما كان إلا منحة، تطهر القرية، وأن المقدسة سوف تفعل هذا مع كل الأماكن التي سوف تحل فيها، لكن الذي بدد كل هذه الاحتمالات هو سماع صراخ متواصل من أحد الصبية كان قادماً من مكان ليس ببعيد عن الكوخ، وعندما هرول المريدون ناحيته، صدمت عيونهم بوقوف الصبي أمام كوم كبير من الثلج على هيئة شكل وجسم المقدسة تماماً..

اتسعت أحداق المريدين عن آخرها، عندما وقعت على كوم الثلج؛ كيف لم يذب في نهار قائظ من شهر أغسطس الحارق..؟ لم تدم دهشتهم كثيراً حينما بدأ كوم الثلج في الذوبان واستحال إلى شلال هادر من الدماء، كان يزيح في طريقه كل شيء، ذكرهم بأيام الفيضان التي ولت منذ زمن بعيد.. أخذ المريدون يخلعون عنهم دهشتهم واستعدوا للهروب من طوفان الدماء الهادر ولكنه طالهم جميعاً حتى إن معظم المريدين سقطوا صرعى، والبعض

الذي نجا لسرعته، صعد إلى أسطح المنازل، كي ينجو بحياته، ويرى ما سوف يحدث بعد ذلك؟

ظل سيل الدماء الهادر يكتسح كل ما يقابله من بشر ودواب ومنازل وكل شيء يقف أمامه، حتى غطى القرية بأكملها، وكذلك غطى كل الأماكن المرتفعة وأسطح المنازل، وأجهز على كل حي في القرية التي أضحت أطلالاً في دقائق معدودات، واتجه السيل نحو قمة الجبل، عله يطولها هي الأخرى.

كرامات سيدنا الولي

رهيباً كان المشهد.. فالجميع تحركوا إلى موقع التنفيذ فقد صدر القرار وفشلت جميع محاولات إجهاضه، حتى إن أحد أعضاء مجلس الشعب قدم استجواباً للوزير المختص قوبل بالرفض التام بأغلبية ساحقة لأصوات أعضاء مجلس الشعب، كما أن أحد ساكني هذه المنطقة؛ كان قد توفي منذ زمن ليس بالقليل عندما سمع في قبره بالقرار، تخلى عن كفنه وهجر مقبرته وطار في فضاء قبة المجلس الموقر، عله يقنع الأعضاء بالعدول عن هذا القرار ولكن الأعضاء اكتفوا بالنظر إلى الجسد الغريب، الذي اقتحم عليهم خلوتهم داخل البرلمان وتبادلوا نظرات التعجب والاندهاش.

رئيس الحي ومعه رؤساء الأقسام ومهندسو التنظيم يصطحبون معهم جميع المعدات اللازمة من بلدوزرات وسيارات لوري كبيرة (قلابات)، ومعهم السائقون الذين لا يفيقون أبداً من البانجو والحشيش، حتى إن أحدهم زود مزاجه بجرعة زائدة كادت تودي بحياته، لولا خبرة رئيس قوة الشرطة المرافقة للحفاظ على الأمن، حيث لاحظ عليه الإعياء فطلب له الإسعاف فوراً،

ورغم وجود جميع قيادات الحي وقيادات الشرطة، إلا أن أحد سائقي هذه اللوريات كان يحتفظ بقطعة كبيرة من الحشيش الخام في جيب سترته العلوي، وكانت بارزة بشكل لافت للنظر، ولكنه لم يعبأ بأي شيء سوى "تظبيط" دماغه أثناء قيامه بالعمل، هكذا تعود أن يفعل طيلة سنوات عمله على اللوري العملاق. أقارب الموتى يصطفون حول المشهد في دائرة نصف مكتملة والكل منتظر رفع رفات أقاربهم ونقلها إلى أي مكان يرونه لائقاً..

بدأ عمل البلدوزرات واللوريات وسط صرخات مكتومة من الجميع، سواء من له أقارب متوفون أو من ليس له، حتى إن أحد الذين استشيخوا في غفلة من الزمن، بمجرد أن نبتت ذقنه بشعرها الناعم، قال في دهشة منتظراً إجابة من فقيه:

وكيف سيحاسبون هؤلاء في يوم الدين؟

لم يجد سوى نظرات التعجب والاستغراب ممن حوله؛ فانسحب في هدوء حتى لا ينكشف أمره أمام هذا الرهط المدجج من قوات الأمن المركزي والشرطة فيساق إلى حيث لا يعلم.

قاربَ العملُ الانتهاءَ، فلم يبق سوى مقبرة واحدة وينتهي كل شيء، كي يبدأ العمل في المشروع الكبير -بناء وحدات سكنية للشباب- فالحكومة عملت بالمبدأ القائل "الحي أبقى من الميت"، ولم يبق في جميع المناطق مكان خال وصالح لتنفيذ هذا القرار، سوى هذا المكان الذي يشمل مقابر أهالي المنطقة والمناطق المجاورة.

حاول أحد قائدي البلدوزرات أن يستأنف عمله بعد أن شرب شايا غامقاً وقضى على سيجارة محشوة بنهم غريب، لكن المقبرة استعصت عليه وعلى سلاح الجرافة الحاد. حاول مرة أخرى حتى كاد البلدوزر ينقلب على رأسه، فلم يستطع أن يهدم هذه المقبرة. تعالت صيحات الأوامر من كبار المسؤولين بضرورة اجتثاث هذه المقبرة من جذورها، حتى يبدأ العمل في البناء والعمل، لكن كل محاولات البلدوزر والبلدوزرات المرافقة باءت بالفشل. تعجب الحاضرون من الموقف ولم يجدوا تفسيراً لما حدث. تعالت صيحات التكبير والتهليل من المحيطين الذين كانوا يعايشون الحدث بقلوب مرتجفة، وصاح أحدهم:

ـ بركاتك يا سيدنا الولي ورّيهم كراماتك..

صاح رئيس الحي في غضب واضح ووجنتين منتفختين:

ـ بطلوا تخريف.. ولي إيه وكرامات إيه؟!

قالها وجمع مرؤوسيه وعاد إلى رئاسة الحي، حتى يجد حلّاً لهذه الورطة فلن يستطيع البناء وهذه المقبرة ما تزال قائمة في مكانها.. طارت الشائعات والأقاويل في كل مكان، وتناثرت الحكايات الأسطورية عن الولي صاحب المقبرة، ووصلت إلى حدّ أن زعم أحدهم أنه ولد في المنطقة نفسها، التي دفن فيها، وأن نوراً هائلاً كان ينفجر من المقبرة كل ليلة قبل صلاة الفجر، وحمل آخر على عاتقه مهمة إحياء الطريقة، وأطلق على نفسه شيخ الطريقة وأقام مولداً كبيراً لصاحب المقام، وكان الناس يجيئون من كل مكان للتبرك من المقبرة وصاحبها وتحقيق

أحلامهم التي عجز الطب والحياة عن تحقيقها، فمن يريد أن يتزوج فتاة صعبة المنال عليه، ما كان عليه إلا أن يزور المقبرة/ المقام، حتى يحقق مراده أو على الأقل يقوى عنده الأمل بالإيمان ببركات سيدنا الولي؛ بأن حلمه حتماً سوف يتحقق، وأن المسألة مسألة وقت فقط، ومن تريد أن "تحبل" وتلد ذكراً كانت تتبرك من سيدنا الولي؛ وغيره وغيرها؛ حتى زاد الأمر عن حده مما تطلب ضرورة التحرك فوراً، لإيجاد حل لهذه الورطة والبدء في تنفيذ المشروع..

أخذ السيد رئيس قسم شرطة الحي على عاتقه مهمة البحث في الموضوع، ومعرفة أسبابه فأرسل طلباً للجهات الأعلى لمساعدته في كشف هذا اللغز المحير لهذه المقبرة العجيبة.. تم تشكيل لجنة كبيرة من علماء الدين وخبراء الأنساب لتحديد شخصية صاحب المقبرة، ولكن بعد عمل دام طويلاً لم تصل اللجنة إلى شيء يمكن أن يساعد على الكشف عن هوية صاحب المقبرة.

ورغم اعتماد اللجنة على مرويات الذين عاصروا صاحب المقبرة والحكايات المتناثرة هنا وهناك، وتفحصهم لسجلات الأنساب إلا أنهم استقروا في النهاية على توصيه بضرورة مواصلة البحث للوصول إلى شخصية صاحب المقبرة.. برقت فكرة في ذهن رئيس قسم شرطة الحي فأسرع في تنفيذها حيث قدم طلباً للنيابة لاستخراج الرفات، والكشف عن الشخصية بواسطة الطبيب الشرعي المختص، ورغم أن هذا القرار قوبل في البداية بالكثير من الاعتراضات والرفض، سواء على المستوى الشعبي من الأهالي وأولي الأمر بالمنطقة، أو على

المستوى الرسمي من قبل بعض المسؤولين الذين بيدهم الأمر، إلا أنه لم يكن هناك طريقٌ سواه للوصول إلى حل لهذا اللغز المحير فعلاً.

تم أخذ القرار سريعاً واتجه الفريق المخصص للفحص برئاسة الطبيب الشرعي إلى المقبرة مباشرة، وبدأ عمله وسط الكلمات المتطايرة من أفواه البسطاء الذي كانوا يحيطون بالمكان، والتي ترمي بالكفر وعدم مراعاة حرمة الأموات ومخافة غضب الله تعالى عليهم، ومخافة غضب الولي أيضاً/ صاحب المقام، فيا ويلهم منه ومن غضبه الذي سوف يطالهم، والانتقام سوف يأتيهم سريعاً.. تم فتح المقبرة وعندما همّ الطبيب بفحص عظام المتوفى وجد عبارة "في انتظار حبيبي أن يرقد بجواري"، تتصدر جميع العظام التي وجدت داخل المقبرة، والمفاجأة التي ألجمت الألسن، هي أن العظام كانت لفتاة في العشرين من عمرها وليست لرجل.

ساد صمت رهيب في المكان، ولم يعد يسمع أي صوت حتى صوت الهواء وحفيف الأشجار اختفيا.. على البعد كان يقف شاب في الخامسة والعشرين من عمره تتساقط دموعه في هدوء مميت.

سجادة الصلاة

- ما بك يا "مصطفى"، ما لي أراك مهموماً هكذا؟

تحدث "مصطفى" إلي أمه ودموعه تملأ مقلتيه:

- كنت أتمنى أن أذهب مع أبي غداً إلى الحج.

غداً يا حبيبي تكبر وتصير شابّاً يافعاً، وتعمل الصالحات وتكمل أركان دينك الخمسة، حتى تتم إيمانك بالله يا "مصطفى".

"مصطفى" في تعجب واستغراب:

- أركان ديني الخمسة!!

- نعم يا "مصطفى"، أركان دينك الخمسة، ألا تعرفهم؟ ألم تسمع عنهم من إمام المسجد عندما كنت تذهب مع والدك لصلاة الجمعة، أو لم يقدمهم لك شيخ الكُتاب وهو يحفظك القرآن الكريم كله، أو لم يشرحهم لك مدرس التربية الدينية في المدرسة..؟!

- يا أمي قد أعرفهم ولكنني نسيتهم، لأنني عندما أذهب مع أبي لصلاة الجمعة أنشغل مع أقراني وأصدقائي الذين يذهبون

مع آبائهم لأنهم يصرون على الجلوس بجواري، كل ذلك يشغلني عن سماع إمام المسجد في خطبة الجمعة كما إنني لا أحب شيخ الكُتاب، لأنه كثيراً ما يضربني على بطن قدمي حتى تتورم، وفي الفصل من الممكن أن يكون مدرس التربية الدينية قد شرحهم ولكن كعادته دائماً في الشرح؛ أكيد أنه ذكرهم بسرعة شديدة فلم أركز معه.

ـ أنصت لي يا "مصطفى" ولا تجعلني أحزن عليك، فأركان الإسلام خمسة حيث قال رسول الله صلى الله عليه وسلم: (بني الإسلام على خمس: شهادة أن لا إله إلا الله، وأن محمداً رسول الله، وإقامة الصلاة، وإيتاء الزكاة، وصوم رمضان، وحج البيت لمن استطاع إليه سبيلاً). صدق رسول الله صلى الله عليه وسلم.

ـ ما معنى كلمة "سبيلاً" يا أمي؟

ـ تعني يابْنِي الحبيب؛ أن الحج يحتاج إلى سفر ومصروفات كثيرة ومناسكه بها مشقة ولكنها مشقة ممتعة جدّاً، فمن لديه القدرة والمال يذهب كي يحج إلى بيت الله الحرام.

ـ أمي ألن يتم إيماني وإسلامي، إلا عند استكمال هذه الأركان؟

ـ نعم يا ولدي الحبيب، وخذ من أبيك كما يأخذ من سيدنا رسول الله صلى الله عليه وسلم أسوة حسنة.

ـ أكرمك الله يا أمي، حقّ أن الجنة تحت أقدام الأمهات، وبالفعل الأم مدرسة.

ضحكت الأم وأخذت "مصطفى" في حضن مملوء بالعطف والحب والحنان وقالت له:

ـ هيا إلى الفراش الآن حتى تستطيع أن تستيقظ مبكراً، لنذهب في وداع والدك بالمطار.

ذهب "مصطفى" إلى الفراش وما زال الحزن يكسو وجهه، فقد كانت لديه رغبة ملحة في الذهاب مع أبيه لأداء مناسك الحج، وقد جافى النوم عينيه وظل مُؤَرَّقاً حتى تناول كتاب بساط الريح الذي اشتراه له أبوه من معرض الكتاب الأخير؛ فغلبه النعاس.

أخذ "مصطفى" يبحث عن سجادة صلاة أبيه ليمني نفسه بزيارة الكعبة المشرفة، لأنه منقوش على السجادة صورة الكعبة والحرم.. ظل "مصطفى" يبحث ويبحث عن سجادة صلاة أبيه وخشي أن يكون أبوه قد وضعها في حقائب السفر الخاصة به، ولكنه وجدها أخيراً، على مقاعد السفرة في مدخل صالة منزلهم الكبيرة.. أخذها بلهفة وظل يتأمل صورة الكعبة المشرفة المنقوشة عليها، وبينما هو غارق في تأمل السجادة إذ بصوت هاتفه من قلب السجادة، يقول له:

ـ لا تحزن يا "مصطفى"، فأنا من الممكن أن أساعدك على تحقيق حلمك في زيارة الأماكن المقدسة بالأراضي الحجازية.

اندهش "مصطفى" أن السجادة تكلمه، وقبل أن يفيق من دهشته قالت له السجادة أيضاً:

ـ ما بك يا "مصطفى"؟ تندهش أني أحدثك وأنت منذ قليل، كنت تقرأ قصة بساط الريح وهي خيال في خيال..

ـ ولكنه خيال المؤلف الذي كتبها!!

ـ لا تندهش يا "مصطفى".. يضع سره في أضعف خلقه، ألست أنا مخلوقاً مثلك يا "مصطفى"؟

ضحك "مصطفى" وقال:

ـ وكيف تساعديني إذن؛ أيتها السجادة المباركة؟

ـ صلِّ أولاً عليَّ ركعتين وسوف ترى؟

ـ لا أعرف؟

ـ ما الذي لا تعرف؟

ـ لا أعرف كيف أُصلي؟

ـ إني في حيرة من أمرك، كيف تكون حريصاً على حفظ القرآن الكريم كله عند سيدنا شيخ الكُتاب، ولا تعرف كيف تصلي؟

ـ لا تندهشي، أطلب منك ذلك مثلما طلبتِ مني منذ قليل، ألا أندهش من حديثك معي.

ـ هل تعلم يا "مصطفى" أن إيمانك بالله تعالى هكذا؛ إيمان ناقص..

ـ أعلم ذلك، لأن أمي حدثتني عن ضرورة اكتمال إيماني بأركان الإسلام الخمسة، ولكنني لا أقوم بها كلها، فأنا كما عرفت لا أصلي وأصوم بعض أيام شهر رمضان المعظم، وطبعاً أنا

لا أعمل كي أوتي الزكاة، ولكن أمي بشرتني بشارة خير، حيث قالت إنني عندما أكبر وأصير شابّاً يافعاً، من الممكن أن أذهب لحج بيت الله الحرام، وأنا بكل تأكيد يا سجادتي العزيزة أنطق بالشهادة كل حين كما علمني أبي.

قالت له السجادة بتحدٍّ:

ـ قبل أن أعلمك الصلاة، هل تعرف كيف تتوضأ؟

ـ نعم أعرف، فلقد علمني أبي كثيراً عندما كنا نذهب لصلاة الجمعة، وكما يقولون كثرة التكرار تعلم الشطار.. كيف ستعلميني الصلاة؟

ضحكت السجادة وقالت له:

ـ اذهب لكي تتوضأ، وسوف ترى كيف سأعلمك.

أسرع "مصطفى" إلى الصنبور وفتحه، وبعد أن انتهى من الوضوء، اتجه بسرعة نحو السجادة، وقال لها بتَحدّيه السابق نفسه:

ـ أنا توضأت وجاهز للصلاة، فكيف ستعلميني إياها؟

قالت السجادة: تمهل وخذ نفسك ويجب ـوأنت مقبل على الصلاةـ أن تكون هادئاً.

قال لها "مصطفى"؛ وكاد أن ينفد صبره:

ـ حاضر.. حاضر.. حاضر.

قالت له السجادة وهي تظهر الجدية:

ـ حدد أولاً اتجاه القبلة.

ـ اتجاه القبلة.. ما القبلة؟!

ضحكت السجادة، وقالت مع دهشتها وتعجبها الشديدَيْن:

ـ وهذه أيضاً لا تعرفها..؟ اتجاه القبلة، أي الوقوف ناحية الكعبة المشرفة.. هل فهمت؟

ازدادت ضحكة السجادة اتساعاً وارتفع صوت قهقهتها عندما وجدت "مصطفى" وهو ينكس رأسه بشدة نحوها، ويخبرها بأنه جاهز للصلاة، قالت له مع ضحكاتها المتوالية:

ـ ليست الكعبة المنقوشة عليّ، بل الكعبة الحقيقة، أي الوقوف في اتجاه البيت الحرام.

ضحك "مصطفى" وقال لها:

ـ فهمت.. فهمت..

وقف "مصطفى" فوق السجادة وهو يولي وجهه نحو القبلة وقال لها:

ـ هيا نبدأ تعليم الصلاة الآن.

اعتدلت السجادة أسفل قدميه وقالت له:

ـ أتمنى أن تسمعني جيداً، وتنفذ ما أقوله لك خطوة خطوة.

قال "مصطفى" وهو يستعد للصلاة:

ـ حاضر، سوف أسمعك جيداً، وأنفذ كل ما تقولينه لي بالحرف الواحد.

قالت السجادة بوقار وجلال يتناسبان مع طبيعة وقدسية الصلاة:

ـ أقم الصلاة الآن، وانطق بالشهادة مرة واحدة

فعل "مصطفى" ما قالت له السجادة..

ثم قالت له السجادة؛ قل ورائي:

ـ الله أكبر الله أكبر، أشهد أن لا إله إلا الله وأشهد أن محمداً رسول الله، حي على الصلاة، حي على الفلاح، قد قامت الصلاة قد قامت الصلاة، الله أكبر الله أكبر، لا إله إلا الله.

كان "مصطفى" يتابع بشغف تامّ، كل ما تقول السجادة فهذه هي أول مرة يصلي فيها ويشعر بنشوة عارمة تجتاح كل جسده الضئيل.. تابع "مصطفى" كلام السجادة حينما هتفت به قائلة:

ـ ابدأ الصلاة بقراءة الفاتحة واتلُ بعض آيات القرآن الكريم، أو بعضاً من قصار السور التي حفظتها مع شيخ الكُتاب ثم اركع وقل سبحان ربي العظيم.. سبحان ربي العظيم.. سبحان ربي العظيم.. ثم قف وقل ربنا لك الحمد والشكر.. ثم اسجد وقل سبحان ربي الأعلى.. سبحان ربي الأعلى.. سبحان ربي الأعلى.. ثم اسجد مرة أخرى، وقل مثلما قلت، ثم قف واركع مرة

أخرى وافعل مثلما فعلت في الركعة الأولى، وفي نهاية الركعة قل: التحيات لله والصلوات والطيبات.. السلام عليك أيها النبي ورحمة الله وبركاته السلام علينا وعلى عباد الله الصالحين.. اللهم صلِّ على محمد وعلى آل محمد، كما صليت على إبراهيم وعلى آل إبراهيم إنك حميد مجيد، وبارك على محمد وعلى آل محمد كما باركت على إبراهيم وعلى آل إبراهيم إنك حميد مجيد، ثم انظر ناحية اليمين وقل السلام عليكم ورحمة الله وبركاته، ثم ناحية اليسار وقل أيضا السلام عليكم ورحمة الله وبركاته. بذلك انتهت الصلاة يا "مصطفى".

بعد أن انتهى "مصطفى" من الصلاة مسح بكفه الرقيق وجهه الصغير وقال للسجادة في وداعة وهدوء وسكينة:

- بارك الله فيك أيتها السجادة المباركة، بارك الله فيك.

- الحمد والشكر لله فقط يا "مصطفى"؛ فهو الذي يسخر لنا كل شيء.

- ونعم بالله أيتها السجادة المباركة، والآن هل نبدأ رحلتنا إلى مكة المكرمة لكي تساعديني على أداء فريضة الحج حتى يكتمل إسلامي وإيماني بالله عز وجل.

- نعم سوف نبدأ ولكن قبل أن ننطلق أود أن أخبرك بشيء هام وهو أننا لن نستطيع أن نذهب إلى مكة المكرمة، ولكن سوف نذهب إلى المدينة المنورة.

قال "مصطفى" للسجادة في تعجب من أمرها:

ـ ولماذا لا نذهب إلى مكة المكرمة؟

ـ الصدق أقول لك يا "مصطفى"؛ إني لا أستطيع أن أذهب بك إلى مكة المكرمة، لأننا في موسم الحج والزحام شديد هناك، وأخشى أن أفقدك هناك ولا أستطيع العثور عليك، فكيف سأعود من غيرك؟ وماذا سيقول أبوك، خاصة أنك ابنه الوحيد؟

ـ وهل يصح الحج في المدينة المنورة، فأؤدي مناسك الحج هناك؟

ـ لا بالطبع، ولكن يوجد بالمدينة المنورة أيضاً الكثير من الأماكن والمزارات المقدسة، فأنت بذلك لن تكون حاجّاً ولكن يكفيك أن تذهب إلى هذه الأراضي المقدسة، وكذلك يكفيك أن تصلي في المسجد النبوي الشريف.

تخلى "مصطفى" عن تعجبه واندهاشه وقال للسجادة:

ـ وكيف سنذهب إلى المدينة المنورة؟

ـ سوف تظل مكانك فوقي وسوف أطير بك.

ـ بساط ريح يعني..؟

ـ بالضبط.

ضحك "مصطفى" بشكل هيستيري وقال:

ـ لكنني قرأت أن بساط الريح يحركه الشيطان.

نظرت السجادة إلى "مصطفى" نظرة كلها لوم وعتاب وقالت له:

ـ وهل يسكن الشيطان سجادة صلاة يا "مصطفى"، فأنت انتهيت من صلاتك فوقي منذ قليل.

ـ لا أقصد صديقتي السجادة، ولكنني أقول لك ما قرأت في كتاب بساط الريح.

ـ لا عليك يا "مصطفى".. هيا نبدأ رحلتنا إلى الأراضي المقدسة.

ـ المدينة المنورة تقصدين؟

ـ نعم، فهي أماكن مقدسة، إنها المكان الذي هاجر إليه النبي صلى الله عليه وسلم لنشر الدعوة وكانت تسمى يثرب.

ـ يثرب؟!

ـ نعم يا "مصطفى".. يثرب المدينة المنورة أيام الرسول صلى الله عليه وسلم كانت تسمي يثرب ولكن بعد الهجرة السعيدة أضحى لها أسماء كثيرة جدّاً.

ـ مثل ماذا؛ أيتها السجادة المباركة؟

ـ تسمى "طيبة" لأنها طيبة واستقبلت أيضاً الرسول الطيب وسميت أيضاً "الحبيبة" لأنها كانت حبيبة إلى قلب الرسول صلى الله عليه وسلم، وأيضاً سميت "حرم رسول الله صلى الله عليه وسلم"، وسميت بـ"مآزر الأيمان" و"المحفوظة"، لأن الله سبحانه وتعالى حفظها من الطاعون والدجال وتسمى أيضاً "دار الهجرة" و"أرض الهجرة" و"قبة الإسلام" و"قلب الإيمان"

وغيرها من الأسماء الكثيرة جدّاً، التي وصلت إلى حوالي خمسين اسماً للمدينة المنورة.

- خمسون اسماً للمدينة المنورة فقط؟ لقد كانت لها مكانة كبيرة في قلب الرسول عليه الصلاة والسلام..

- نعم كانت لها مكانة كبيرة في قلب الرسول عليه الصلاة والسلام.

- إذن هي تستحق الزيارة فعلاً، فهيا بنا أيتها السجادة المباركة، نذهب إلى المكان الذي استقبل النبي صلى الله عليه وسلم في هجرته المشرفة.

- هيا يا "مصطفى" ولكن عليك أن تمسك بأطرافي جيداً حتى لا تسقط من فوقي وأنا طائرة في السماء.

- لا تقلقي سوف أكون حريصاً جدّاً، وسوف أثبت كلتا يديّ على أطرافك ولكن هيا؛ كلي اشتياق لزيارة المدينة المنورة.

- هيا بنا يا "مصطفى".

صعدت السجادة بعد أن جلس عليها "مصطفى" صوب السماء ببطء وسرعان ما أخذت تزيد سرعتها وهي تسمع دقات قلب "مصطفى" الصغير تعلو وتعلو فقالت له:

- لا تخف..

- إنني خائف بحق أيتها السجادة.

وأرادت السجادة أن تشغل "مصطفى" عن خوفه من الطيران، فأخذت تحكي له عن المدينة المنورة حيث قالت له:

- هل تعلم يا مصطفى أن المدينة المنورة هي أول عاصمة للإسلام، ومنها انطلق المؤمنون حاملين راية التوحيد وداعين إلى دين الله تعالى، كما حدثت بها الكثير من الأحداث والحروب بين قبائل الأوس والخزرج التي أصلح بينهما الرسول عليه الصلاة والسلام، عندما هاجر إليها، كما وقعت بها غزوة أحد التي استشهد فيها حمزة بن عبد المطلب رضي الله عنه، وتزوج فيها علي بن أبي طالب كرم الله وجهه من السيدة فاطمة الزهراء رضي الله عنها؛ بنت الرسول صلى الله عليه وسلم، ولكن يظل الحدث الأكبر والأهم في تاريخ هذه المدينة يا "مصطفى" هو هجرة الرسول عليه الصلاة والسلام إليها من مكة.

- كل هذا..! وهل زرت المدينة المنورة من قبل أيتها السجادة المكرمة.

- أنا يا "مصطفى" من المدينة المنورة، فلقد اشتراني أحد الحجاج من أصدقاء أبيك وقدمني هدية إليه عندما ذهب لكي يبارك له حجه.

- إذن أنت تعرفينها جيداً أيتها السجادة المباركة؟

- نعم لقد قضيت طفولتي الجميلة فيها ولكنني لم أرها منذ أن أحضرني أبوك من عند صديقه، وأنا في غاية الشوق لزيارتها وزيارة الأماكن التي لها الكثير من الذكريات عندي.

70

ـ ما هذه الأماكن أيتها السجادة؟

ـ عندما نصل إليها سوف أخبرك عن كل مكان أحبه وعن كل شيء.

نسي "مصطفى" خوفه وجذبه حديث السجادة عن المدينة المنورة وقال لها:

ـ إذن تستطيعين أن تصفيها لي جيداً، وتصفين لي موقعها أيضاً.

ـ بكل تأكيد يا "مصطفى"؛ مثلما تستطيع أنت أن تصف المدينة التي تعيش فيها الآن.

ـ وهل هي مثل مدينتنا؟ أعتقد أنها أجمل.. يكفي أنها احتضنت الرسول عليه الصلاة والسلام يوماً.

ـ نعم جميلة، فهي في موقع متميز، حيث تقع في الناحية الغربية من المملكة العربية السعودية، وأيضاً شمال مكة المكرمة، كما أنها واحة زراعية تمتد على فسيح من الأرض الخصبة تكتنفها حرار، تلك التي شهدت وقعة الحرة أيام يزيد بن معاوية، وتسمى أيضاً حرة واقم، وبها وفرة من الماء العذب بالإضافة إلى إحاطة هذه الواحة بمحميات تضاريسية طبيعية، تمثل في مجموعها الجبال والهضاب والأودية، ويحتضنها جبلان وواديان. من الجنوب جبل عير وبجانبه وادي العقيق، ومن الشمال جبل أحد ووادي قناة، ذلك بالإضافة إلى العديد من الجبال مثل جبل ثنية الوداع وجبل الراية وجبل الرماة.

ـ كل ذلك تعرفينه عن بلدك الجميل المدينة المنورة الرائعة.. بكل تأكيد هناك الكثير من الفضائل لهذه المدينة الجميلة.

ـ نعم، هناك الكثير من الفضائل لهذه المدينة يا "مصطفى"، فقد حرّمها الرسول عليه الصلاة والسلام كما حرّم إبراهيم مكة، وحُرّم فيها القتال والصيد وقطع أشجارها، وكذلك خص الرسول عليه الصلاة والسلام أهلها والذين يجاورنها، بأنه سوف يكون لهم شفيعاً أو شهيداً يوم القيامة والكثير والكثير من الفضائل لهذه المدينة المقدسة يا "مصطفى"، ولعل أهم هذه الفضائل هو وجود المسجد النبوي الشريف بها، وهذا يكفي لكي تكون هذه المدينة بالفعل من أقدس بقاع الأرض مع مكة المكرمة.

ـ وهل هناك مساجد أخرى بالمدينة يا سجادتي المبهرة، أم بها المسجد النبوي الشريف فقط؟

ـ طبعاً يكفيها تشريفاً وبركة وجود المسجد النبوي الشريف فيها، ولكن يوجد بها أيضاً يا "مصطفى" الكثير من المساجد، ففيها حوالي سبعين مسجداً مثل مسجد قباء ومسجد الجمعة ومسجد عمر بن الخطاب ومسجد ثنية الوداع ومسجد أبي بكر الصديق ومسجد القبلتين ومسجد البدائع ومسجد علي بن أبي طالب، وقد صلى الرسول صلى الله عليه وسلم في العديد من الأماكن بها؛ أصبحت بعد ذلك مساجد، حيث صلى الرسول صلى الله عليه وسلم في دار الشفاء التي في منازل بني عدي بالقرب من سوق المدينة، وصلّى صلى الله عليه وسلم في دار بسرة بنت صفوان، كما صلى في دار عمرو بن أمية الضمري

وفي دار سعد بن خيثمة بقباء، الذي كان جنوب مسجد قباء، وصلى أيضاً بفناء دار حكيم بن العداء عند أصحاب المحامل؛ شمال مسجد المصلى، وهو المعروف اليوم بمسجد سيدنا علي بن أبي طالب رضي الله عنه (صلاة العيد)، وفي حارة الدوس (صلاة العيد)، وفي موضع آل درة (صلاة العيد).

ـ لقد اشتقت إليها أكثر وأكثر أيتها السجادة.. هل اقتربنا منها الآن أم ما زال أمامنا سفر طويل لكي نصل إليها.

ـ نعم، لقد اقتربنا كثيراً منها، فلن يمر وقت طويل حتى نكون بها.

هبت فجأة رياح شديدة وعواصف كثيرة اضطربت معها السجادة، التي أخذت تصرخ على "مصطفى" أن يمسك بأطرافها جيداً، حتى لا يسقط وظلت السجادة تقاوم الريح العاتية التي هبت فجأة حرصاً على "مصطفى"، وخوفاً عليه من السقوط، ولكن الريح كانت أقوى من أي مقاومة للسجادة، واهتزت السجادة اهتزازات شديدة لم يقوَ معها "مصطفى" على المواجهة، فسقط على الأرض وأحدث سقوطه صوتاً عالياً، أسرعت على أثره أمه إليه وهي تبسمل بصوت عالٍ، فوجدت مصطفى قد سقط من فوق سريره، فأسرعت إليه وأخذته في حضنها وقالت له:

ـ أنت بكل تأكيد كنت تحلم يا "مصطفى".

ـ نعم يا أمي، لقد كان حلماً جميلاً ولم أكن أريد أن أصحو منه أبداً.

أعطته أمه كوباً من الماء، لكي يشربه ليصرف عنه شعوره بالفزع إثر سقوطه من فوق السرير، وقالت له بعد أن شرب قليلاً من الماء:

ـ هيا يا مصطفى، أسرع لكي ترتدي ملابسك الجديدة، لأن موعد إقلاع طائرة أبيك قد اقترب.

العودة

متعباً كان، وقبل أن ينقل قدمه المتثاقلة على أولى درجات السلم ألقى نظرة عابرة على المصعد الذي يحتل مساحة كبيرة في مدخل العمارة المكسو بالرخام النادر، وجده مغلقاً وعليه اللافتة المعتادة (المصعد عاطل)، تنهد بعمق ثم ألقى نظرة عميقة إلى أعلى، فذكرته دورانات السلم الحلزوني بكثير من المسارات التي قابلته طيلة حياته.. بكسل واضح أخذ يعد الأدوار الأول.. الثاني.. الثالث.. الرابع.. الخامس.. وأخذ يعد معها أرقام الشقق (شقة 17-18-19-20)؛ ابتسم بمرارة.. أخرج حلقة مفاتيحه وقبل أن يفتح الباب هاجمته رائحة كريهة، انتفض لها قلبه الضعيف الذي أوهنته المحن والأيام.. خشي أن يكون قد حدث ما كان يفكر فيه قبل ذهابه إلى البلدة، فأخوه المريض قد تركه وحيداً مع قطته السيامي التي يحبها كثيراً، وكان يقول إنها آخر شيء بقي من الحياة الأولى الناعمة، أنّب نفسه وألقى باللوم على ذلك التاجر الجشع الذي لا يقدر قيمة أرواح الناس مقابل تقديره للمال..

همس في ضيق واضح:

- والله يا أخي يا لولا هذا التاجر الجشع الذي أخذ يماطل فى ثمن الأرض، وحرصي على اكتساب أكبر سعر ممكن لكي أوفر لك ثمن العلاج، ما تركته قط يأخذ أرضنا؛ عزتنا وكرامتنا.. هربت دمعة ساخنة من مقلتيه وعاد يقول:

- والله يا أخي أشعر بأني لم أتركك أول البارحة فقط، بل منذ ثلاث سنوات.. لعن الله الجشع وأهله.

فجاءة.. جحظت عيناه؛ فالمفتاح الذي يجب أن يفتح له لم يتحرك فى مجراه.. بسرعة جرب غيره وغيره ولكن لم تفلح أي محاولة.. الرائحة أخذت تزداد مهاجمة لأنفه، مما جعله يشعر بالغثيان.. طرق على الباب بشدة لعل يكون مستيقظاً فيفتح له، ولكن لا أحد يجيب عليه.. عاود الطرق بشدة أكثر.. لا يرد عليه أحد.

الصاعدون والهابطون ينظرون إليه نظرة تكاد تنطق بالسؤال عما يحدث.. تجاهلهم وتجاهل نظراتهم المتسائلة.. رجع إلى الخلف، وبسرعة اندفع نحو الباب حتى انفتح له مرغماً.. دخل كالمجنون يبحث فى كل مكان مستهدياً بتلك الرائحة الكريهة.. جال في معظم الحجرات لم يجد فيها شيئاً.. فتح باب غرفة أخيه بسرعة وتراجع من هول المفاجأة، فأخوه المريض ليس بالفراش وقطته السيامي ملقاة على الأرض وهي مصدر الرائحة الكريهة.. مسح الحجرة بنظرة سريعة.. اصطدمت عيناه الدامعتان بصورة أبيه الباشا وبجوارها صورة أمه الحانية، التي كان دائما يرتمي في حضنها الدافئ في مثل هذه الظروف، التي كثيراً ما مرت

عليه، خاصة في أواخر أيام أبيه، وكانت دائماً الحصين المنيع له، ومُعينه على الدهر وأهواله، التي ذاق منها الكثير والكثير.

ـ أيـن أنـت الآن يا أمـي الحنون وأيـن حضنك الدافئ؟ سؤال خرج بصعوبة من حلقه الجاف.. لم يخفف من جفاف ريقه الذي يبتلعه بصعوبة شديدة، سوى صورتها التي تراءت في ذهنه، فقد كانت بعد أمه كل شيء في حياته.. ابنة عمه.. كانت تحبه وأكثر.. كانت طِبائعهما واحدة وخصالهما واحدة.. اتفقا على جميع ترتيبات حفل الزفاف لكن القدر لم يمهلهما؛ فقد حدث ما حدث وخطفت روحها سيارة مجنونة عندما كانت معه لشراء فستان الزفاف من وسط البلد.. ماتت أمام عينه ولم يستطع أن يفعل لها أي شيء سوى البكاء، الذي لم يعد له شيءٌ سواه..

قفزت في ذهنه صورة حياتهم الأولى الناعمة.. الخدم الكثير.. الخيل الأصيلة.. الملابس الفاخرة.. السيارة الفارهة، لقب "البرنس" الذي كان يعشقه كثيراً وما زال عشقه يدوي فى أذنيه كلما ناداه به أحد أصدقائه القدامى.. استوقفته ورقة ملقاة أسفل صورة أبيه.. طريقة طيها وشكلها المألوف لديه ـإذ كانت من دفتر مذكرات أبيهـ جعله يهرول إليها ويلتقطها.. وبسرعة فتحها ومر عليها بلمحة خاطفة ليعرف محتواها:

الصديق العزيز/ سمير.. لقد هاجمت نوبة المرض الشرسة أخاك وكعادتي اليومية كل صباح كنت أمر على المنزل لكي أطمئن عليه، فوجدت أن التأخير أكثر من ذلك ليس فى صالحنا، لذا فضلنا السفر بأقصى سرعة إلى لندن حتى لا تحدث أي

مضاعفات، قد تؤدي إلى نتائج عكسية.. أرجو أن تطمئن وتدعو لأخيك بالعودة.

طبيب الأسرة/ ممدوح نجيب.. أخرج منديلاً ورقياً لكي يجفف به دموعه، ولكن المنديل عجز عن أداء تلك المهمة السهلة.. يتعجب لماذا لا يشم الآن الرائحة الكريهة رغم وجود مصدرها أسفل قدميه؟! نظر إلى السماء وراح يقول من بين دموعه:

- يا رب يكتب لك العودة مرة أخرى يا أخي.

عـائـد من الحيـاة

قرر دون سابق إنذار أو تفكير أن يخوض التجربة بكل مراحلها.. لم يشأ أن يخبر أحداً من معارفه أو أصدقائه أو أقربائه. حتى زوجته التي لم يخفِ عنها شيئاً لم يشأ أن يخبرها عما نوى أن يقوم به.. في نهار قائظ من أغسطس، قطع الطريق الطويل المترب تحت الشمس اللافحة والتراب الساخن.. حافياً كان.. هكذا أراد أن يكون عند ذهابه لشراء الأقمشة اللازمة لذلك.. الطريق نفسه يؤدي للجبانات؛ والذي قطعه مراراً وتكراراً كلما مات له صديق أو قريب أو عزيز أو حتى شخص يعرفه لمجرد المعرفة..

وصل إلى محل الأقمشة.. لم يشأ أن يبدد الوقت في تفسير مقنع لنظرات بائع الأقمشة التي كادت أن تنهش قدميه العاريتين.. ولأنه يجهل الكثير في مثل هذه الأمور، فقد طلب من البائع أن يقص له قطعة قماش تكفي لتكفين شخص في مثل سنه وحجمه.. عندما تقدم له صاحب محل الأقمشة بواجب العزاء طفرت دمعة ساخنة من عينيه، وعندما فاجأه بائع الأقمشة بأن

المتوفى قد يكون قريباً جدّاً من نفسه، علق في عجل من بين دموعه المنهمرة:

- جدّاً.. جدّاً.

أخذ الأقمشة اللازمة وتوجه بعدها إلى خياطه المفضل وطلب منه أن يقوم بتفصيل الكفن عليه تماماً، اندهش الخياط من طلبه لأنه يعرفه جيداً ويعرف جميع أفراد عائلته، ويعلم تماماً أن أحداً لم يمت منهم حتى لحظة مجيئه إليه، فقال له:

- لا أستطيع أن أقول لك البقية في حياتك.

- ولم لا تقول؟!

- لأنه لا توجد أي حالة وفاة في عائلتكم.

- ومن أدراك؟

تعجب الخياط من كلامه، ولم يشأ أن يأخذ منه أجر التفصيل. وعندما هَمَّ بالرحيل ألقى الخياط خلفه بكلمات التعزية الحارة والأمنيات بإغداق الله تعالى رحمته الواسعة على المتوفى.. فتح باب منزله خلسة حتى لا يوقظ أحداً وأخذ يتسحب على أطراف أصابعه حتى وصل إلى الحمَّام.. حلق ذقنه جيداً وبعدها أخذ دُشاً ساخناً.. ارتدى الأقمشة البيضاء.. وقف طويلاً أمام منظره المدهش المنعكس أمامه على المرأة المشروخة إثر إحدى المشاحنات النادرة التي كانت تحدث بينه وبين زوجته التي يحبها.. تمنى كثيراً أن يرى هذا المنظر.. كانت تدفعه رغبة دفينة داخله دفعاً لذلك..

هجمت على جسده رعشة غريبة وشعر بأن جسده أخذ يتخلص من شحومه الكثيرة شيئاً فشيئاً حتى خف وزنه جدّاً، وأخذ يحلق في الجو ويطير في سماوات بيضاء لا نهاية لها، ويقابل كائنات نقية كالبلور لا وجه لها ولا أقدام، بل كل جسدها أجنحة تطير بها.. عندما حط على الأرض ثانية أغرق جسده بعطره المفضل والذي كانت زوجته تشتريه له دائماً في احتفالات عيد ميلاده.. بعدها تمدد بملابسه الجديدة إلى جوار زوجته.. في الصباح حاولت زوجته كعادتها إيقاظه لكي يذهب إلى عمله لكن جسده البارد لم يستجب لمحاولاتها المتكررة.

صاحب الناي

في مساء كل يوم كان الأمير الصغير مع موعد صوت الناي الحزين.. كان يقف كل ليلة في شرفة القصر يسترق السمع إلى نغمات الناي البعيدة.. شغل أمر صوت الناي بال الأمير وظل يفكر فيه ليل نهار، وشغل باله أكثر؛ مَن يكون صاحب هذا الناي الحزين؟ مرت أيام وليال كثيرة وصوت الناي لم يخلف الموعد يوماً.. ازداد فضول الأمير وزادت معه رغبته في معرفة الجهة التي يأتي هذا الصوت منها.. ومَن هو صاحب الناي؟

أسئلة ترواد عقل الأمير الصغير، ويريد أن يعرف لها إجابات شافية.. لم يتوانَ الأمير عن السعي جاهداً لمعرفة مصدر هذا الصوت وصاحبه، وذات ليلة مقمرة، وعند بداية سماعه لصوت الناي؛ تسلل الأمير عبر بوابة القصر الرئيسية وعندما سأله الحراس عن وجهته أخبرهم بأنه لن يبتعد كثيراً، وأنه سوف يقضي أمراً هامّاً ويعود، وعندما أصر كبير الحراس على مصاحبة الأمير في رحلته طمأنه الأمير بأن الأمر لا يستحق، وأنه لن يغيب طويلاً، ولن يذهب بعيداً عن القصر واشترط على كبير الحراس بأن لا يتتبعه خشية عليه.

انصاع كبير الحراس لكلام الأمير الصغير وتركه يذهب وحده.. ظل الأمير يتبع صوت الناي حتى وصل إلى شجرة كبيرة تتوسط الحديقة العامة بالمملكة، ويجلس أسفلها طفل صغير ممسكاً بناي قديم، ينفخ فيه من فمه الصغير فتصدر النغمات الحزينة.. اقترب الأمير أكثر من الطفل، ولم يشأ أن يقطع عزفه الحزين المتواصل فانتظر الأمير حتى انتهى الطفل الصغير من عزفه واتجه نحوه وهو يصفق له بكلتا يديه محيياً إياه على عزفه الممتع.. ارتعد الطفل عند سماع صوت الأمير الصغير ورأى هيئته الملكية النظيفة، وظن أنه جاء مع الحراس ليلقوا القبض عليه، لأنه أزعج الملك أو تسبب فى ضوضاء أثارت سكان القصر الذي لم يكن بعيداً عن مكانه.. ربت الأمير بكفه الصغير على كتف الطفل وقال له:

- اطمئن، أنا جئت كي أستمع إلى عزفك الجميل وأشجعك.

الطفل بدهشة:

- تشجعني أنا؟! يبدو على هيئتك أنك أحد سكان قصر الملك.

- نعم أنا الأمير الصغير وكل ليلة أقف في شرفة القصر، أسترق السمع إلى صوت الناي الجميل، وأستمتع بعزفك المتقن.

- مولاي أتمنى أن أكون مستحقاً لهذا الإطراء، وألا أكون سبباً لإزعاج سكان القصر.

- لا يوجد أي إزعاج.. أنا أخبرك الحق والصدق، فأنا أحببت نغمات صوت الناي رغم أنها حزينة.

- هذا شرف كبير لي يا مولاي الأمير.

- لا تقل مولاي، فأنا أريد أن أصبح صديقاً لك.. هل تقبل؟

- هذا شرف كبير مولا.. أقصد.. لا أعرف بماذا أناديك؟

- نادِني بهي الدين.

- أنت حقاً بهي مولاي.

- مرة أخرى تناديني مولاي..! وأنت ما اسمك؟

- شهاب.

- إذن نقول بهي الدين وشهاب، ودعك من الألقاب.. نحن صرنا صديقين الآن.

- شكراً لك بهي الدين، وأنا في غاية السعادة اليوم لهذا الشرف الكبير.

- قل لي؛ لماذا نغماتك حزينة هكذا.. لم تعزف يوماً أي نغمات مفرحة؟

- كيف أعزف نغمات مفرحة وحياتي يسكنها الحزن يا مو.. أقصد يا بهي الدين؟

- ما حكايتك؟ الفضول يأخذني إلى التعرف عليك عن قرب.

- حكايتي مكررة، مثلها مثل حكاية الكثير من أطفال المملكة.

- اخْكِ لي.. ألست صديقك الآن، فكلي آذان مُصغية.

- توفي والدِي منذ شهور قليلة، وهي عدد الشهور التي بدأت فيها المجيء إلى هنا والعزف على الناي، كي أفرج عن نفسي قليلاً.

- وما الكرب الذي أصابك كي تأتي لتفرج عن نفسك صديقي؟

- والدي كان لنا كل شيء؛ السكن والمأوى والملاذ، وكل يوم أذهب إلى السوق، كي أبحث عن عمل حتى أستطيع رعاية والدتي وإخوتي ولا أجد.

- من أجل ذلك تأتي هنا، وتعزف نغماتك الحزينة، التي تعبر عن حياتك؟

- نعم يا مولاي.

- ألم نقل بهي الدين؟!

- سامحني، لم أعتد بعد على مناداتك باسمك، دعني براحتي؛ وبكل تأكيد سوف أتعود عليها.

- كما تريد يا صديقي.. ألا تعلم أنه يمكنني مساعدتك في مثل ظروفك هذه؟

انفرجت أسارير "شهاب" واتسعت ابتسامته قليلاً فرحاً وقال:

- كيف يمكنك مساعدتي وأنت الأمير الذي يقطن القصور، وأنا أحد أبناء رعية والدك الملك؟

- سوف أعرض أمرك على والدي الملك، وسوف يجد لك الحل.

- لو كان ذلك بمقدورك؛ أتمنى أن تساعدني، وأصبح مديناً لك بجميل العمر كلِه، فأنا في غاية الحاجة إلى العمل.

- نعم في مقدرتي، سوف أتركك الآن وأعود إلى القصر حتى لا ينشغل عني الحراس، فأنا وعدت كبير الحراس بأنني لن أتأخر، وعليك أن تزورني صباحاً في القصر، وأنا سوف أعطي فكرة لوالدي، وبكل تأكيد سوف نسطيع مساعدتك.

في الصباح كان (شهاب) يقف على بوابة القصر، ينتظر الإذن له بالدخول إلى الملك، لم يدم انتظاره كثيراً حتى سمع كبير الحراس يأمر الحرس بفتح البوابة.. دخل (شهاب) إلى القصر وعندما كان يعبر الحديقة الكبيرة حتى باب القصر الداخلى وجد (بهي الدين) يلوح له من شرفة القصر العلوية، فاطمأن قلبه وشعر بأن (بهي الدين) وفى بوعده معه، وأنه بالفعل سوف يساعده.. عبر شهاب بوابة القصر الداخلية حتى وصل إلى غرفة العرش الملكي، دخل إليها سريعاً بعد أن سمح له الحراس، فوجد نفسه أمام الملك مباشرة، حاول أن يتمالك نفسه من هيبة الموقف، فحيّا الملك بتحية سريعة ووقف بين يديه:

- أنت إذن (شهاب) صديق ولدنا (بهي الدين)؟

- نعم يا مولاي؛ أنا هو.

- تحدث معي (بهي الدين) بشأنك وقص علينا قصتك كاملة، وأمرنا بتخصيص راتب شهري يعينك على إعالة أسرتك.

- لكن يا مولاي الملك، لم يكن هذا حديثي مع (بهي الدين).

الملك متعجباً:

- (بهي الدين)!

ـ أقصد مولاي الأمير (بهي الدين).

ـ وما حديثكما إذن؟

ـ قال إنه سوف يساعدني في الالتحاق بعمل أقتات منه أنا وأسرتي.

ـ كيف تعمل وأنت ما زلت غضّاً صغيراً؟

ـ العمل شرف يا مولاي الملك.

ـ نعم.. العمل شرف ولكن ليس لمن هم في مثل سنك يا ولدي.

ـ أنا لا أريد عطفاً أو إحساناً.. أنا أريد أن أعمل.

ـ ما قررناه ليس عطفاً أو إحساناً.. إنه حق لك ولكل من تحول ظروفه ـمن الرعيةـ دون الحصول على عمل.

ـ وأنا لا أريد أكثر من العمل مولاي.

ـ وماذا تجيد حتى نلحقك بالعمل الذي تريده؟

ـ لا أجيد سوي العزف على هذا الناي، وهذا هو سر تعرف مولاي (بهي الدين) عليّ.

ـ لكن فرقة القصر الموسيقية لا يلتحق بها أطفال للعزف بها.

ـ هذا هو مطلبي الوحيد، إن لم أجده، فأنا أشكرك مولاي، وأشكر مولاي (بهي الدين) على محاولته مساعدتي.

أعجب الملك بإصرار الطفل على العمل، وفكر في اختبار قدرته على التحمل فقال له:

- لكن الالتحاق بالعمل في الفرقة الموسيقية للقصر، يمر بمراحل كثيرة جدّاً، أولها اجتياز الاختبار الذي يعقده رئيس الفرقة، وبعده المرور بالعديد من التدريبات حتى تجيد العزف والانسجام مع الفرقة.

- أنا مستعد لكل هذا مولاي.

انبهر الملك من رد الطفل عليه، ونظر إلى كبير الفرقة الموسيقية نظرة ذات مغزىً، ووجه حديثه إليه:

- إذن فلتختبره يا كبير الفرقة الموسيقية، وإن اجتاز الاختبار فليعين فوراً على غير العادة عضواً بالفرقة معكم.

اصطحب كبير الفرقة الموسيقية الطفل إلى غرفة مجاورة، وغاب فيها طويلاً ثم عاد إلى الملك وقال له:

- لقد اجتاز الطفل كل الاختبارات بنجاح باهر يا مولاي.

- إذن مِن اليوم يكون عضواً معكم، ويخصص له راتبٌ كاملٌ مثل كل أعضاء الفرقة.

- سمعاً وطاعة مولاي الملك.

فرح (شهاب) كثيراً بالوظيفة الجديدة، ودخل (بهي الدين) فرحاً بهذا الخبر، وأنه استطاع أن يساعد صديقه شهاب، وأخذه يحضنه بشدة، ثم اصطحبه إلى حديقة القصر الخارجية، حتى يستمتع أكثر بعزفه الجميل، فأخيراً سوف يسمع منه نغمات مفرحة.

قـال العراف

قال العراف:

- هناك "شخصة" ما تحبك جدّاً جدّاً..!

انطلقت قذائف العراف من فوهة فمه إلى قلبي مباشرة، وقبل أن ترحل الدهشة عن عيني وترتعش شفتاي بكلمات الاستغراب عاجلني:

- هذا الكلام ليس من عندي، بل من عند الله جل وعلا.

- لم يترك لي الفرصة لكي أفكر من تكون هذه "الشخصة"؛ أو حتى أحاول أن أجد أي منطق طبيعي لكلامه، بل تتابعت قذائفه محددة الهدف بدقة وعاد يقول:

- إن هذا "الشخصة" جميلة وثرية، وفوق كل هذا؛ هي مرتبطة بشخص آخر، هذا الارتباط تحديداً خطوبة فقط وليس زواجاً.. فأرجو أن تبتعد عنها لأن الشيطان سوف يتدخل، فليته يتدخل بعيداً عنك.

ضربات العراف المتلاحقة تواكبت مع ضربات قلبي الذي

كاد يتوقف.. حاولت بحركة لا إرادية أن أخبئ خاتم الزواج من يدي.. عاد العراف إلى فتح فوهة مدفعه صوب قلبي مباشرة:

ـ كذلك هناك "إنسانة" بمعنى الكلمة، غالية عليك جدّاً وتحبك جدّاً، وتنام معك على سرير واحد.. وترتع بحريتك في مراعيها الخضراء.

بهدوء شديد سحبت خاتم الزواج من يدي ودسسته في جيب سترتي وقلت له:

ـ لكني غير متزوج.

ـ ومن قال لك إنني قلت إنك متزوج؟

ـ إذا كان الأمر هكذا.. فمن تكون تلك الإنسانة التي تنام معي في سرير واحد وأرتع في مراعيها الخضراء؟!

لم يرد ولكنه رمقني بنظرة غريبة، كادت تشرخ روحي، وقال بحدة لم أعهدها فيه من قبل:

ـ سوف نرفع قلبينا بالصلاة، والله تعالى سوف يكشف لنا الأمر.

صديقي "رفيق" كان يبدل نظرات الحيرة والتيه بيننا، ويحاول قدر استطاعته تجنب ذلك العراف الذي لم يكن يطلق البخور أو يطلق لحيته للأيام والزمن أو يطفئ الأنوار ويتفوه بكلمات غير مفهومة.. كذلك لم يكن هذا العراف يتحسس مناطق حساسة من جسدك، أو يقوم بعمل التعاويذ..

كل ما كان يفعله عندما تقصده في أمر ما، أنه يرحب بك في منزله العامر بأحدث الأجهزة الكهربائية والإليكترونية، ويضع يده على فمك طالباً منك عدم التفوه بأي كلمة، ثم يغمض عينيه ويطلق العنان لسيل من الكلمات تقذفها أمواج بحر فمه الهادر.. تحاول كثيراً أن تلاحق هذه الأمواج أو تقاومها أو تستبين الكلمات المنتقاة بعناية شديدة من قاموس غريب على أذنك وحياتك؛ فلا تصل إليك سوى (الله.. ربنا.. تحت الدم.. ابنك.. بين يديك.. الآن.. ضع يدك عليه يا رب.. احضنه يا رب.. تحت الدم.. تحت الدم).

تخرق الكلمات أذني بقوة. أحاول جاهداً معرفة السر وراء هذه الصلاة العجيبة التي يطلقها هذا العراف.. لكني لا أصل إلى شيء... بعد أن فتح عينيه ورآني بوضوح أخذ يحكي لي كل شيء في حياتي، رغم أنها أول مرة يراني فيها وجهاً لوجه.. الشيء الغريب حقاً هو أن كل الكلام الذي قاله صحيح مائة في المائة وحدث في حياتي تماماً.. توقفت كثيراً عند موضوع "الشخصة" المخطوبة الجميلة الغنية، والتي تحبني جدّاً جدّاً.. حاولت أن أعرف منه تفاصيل أكثر، تعينني على معرفة مَن تكون هذه المزعومة؟ لم يعطني إجابة شافية أو أي دليل يساعدني في الوصول إليها، لكنه عاد يقول في حزم نهائي:

ـ هناك "شخصة" ما، تحبك جدّاً جدّاً وهذا الكلام ليس من عندي بل من عند الله تعالى.

دارت بي الحجرة ولم أدر ما بنفسي.. بعد أن أودعت بعض

الجنيهات في يد ابنته الصغيرة "مريم" خرجت من عنده مهرولاً لا أعرف لقدمي طريقاً ولا وجهة معينة؟ ولا أعرف هل خرج معي صديقي "رفيق" أم تركته فريسة أخرى يلتهمها ذلك العراف بصلواته الغربية؟

في المساء لم أشأ أن أخبر زوجتي بما حدث حتى لا أفسد قلبها الناعم، والذي يحبني بقوة ستة عشرة عاماً مضت.. أخذت أستعرض كل البنات التي مرت علي في حياتي كلها، سواء هؤلاء اللاتي يحطن بي في العمل أو بنات جيراننا أو أي بنت كنت قد قابلتها في أي مكان ودار بيننا حديث وما زال حديثها عالقاً بعقلي.. وأخذت هذه البنات تتوالى عليّ في صور متتابعة ومتلاحقة، حتى اللاتي لم تتوفر فيهن شروط العراف الثلاث (خطوبة – جمال – ثراء)..

لم أهتد إلى شيء، أو أرْسُ على بر أمان، أو حتى ألتقط خيطاً ولو دقيقاً أسير عليه حتى أثبت صحة أو كذب ما قاله لي العراف. توالت الأيام وتعاقبت معها الشهور وفي كل مرة أذهب فيها إلى العراف يؤكد لي الكلام نفسه، بل بالألفاظ نفسها دون أن يغير أو يبدل شيئاً فيها.. لم أشأ أن أسير وراء أوهام رجل لا يعرف ما يقول وقررت أن أنسى الأمر برمته وأنتبه لحياتي وأحوالي، حتى جاء صباح هلت عليّ فيه بوجهها البشوش وبسمتها الناعمة، وتلقفت يدي في حنان غير معهود، حتى كادت تضمها بين كفيها وترفعها إلى صدرها الرجراج، وقالت لي في دلال غريب:

ـ صباح الخير يا أستاذ موسى.

سحبت يدي بسرعة وخرجت مهرولاً حتى وصلت إلى الكنيسة الوحيدة الموجودة في القرية.. دخلت ولم أشأ أن أسمع تحذيرات الكاهن بضرورة خلع حذائي، لأن الأرض التي أقف عليها مقدسة.. بل هرعت إلى الهيكل وتمددت على المذبح المقدس حتى تراءت لي فصائل وكتائب كثيرة من الملائكة كانت تهل عليّ من كل حدب وصوب، وهي ترفرف فوق جسدي الممدد على المذبح المقدس ورائحة بخور عنيفة تملأ أنفي بقوة، وكلمات ترانيم ترتخي على ألحانها جفوني وتتراقص على نغماتها أذني، حتى جاء ملاكان فحملاني إلى أعلى.. إلى أعلى حتى اصطدم جسدي ببطن القبة الوحيدة للكنيسة من الداخل، فهوى جسدي بشدة وعندما فتحت عيناي وجدتني في ملابس العرس وهي في ملابس زفافها الجميلة، والكاهن الذي كان يحذرني من مغبة الدخول إلى الهيكل المقدس بالحذاء يقبض على كفينا ويتمتم بكلمات غريبة لا أفهمها ووجوه كثيرة أعرفها جيداً تملأ صحن الكنيسة.. بحثت عن وجه العراف بين كل هذه الوجوه ولكني لم أره مطلقاً..

قلت لها وأنا أدعك كفها البض بأصابعي الغليظة:

- صباح الخير يا أبله.

سرت رعشة في جسدها وسحبت يدها برفق بعد أن علا وجهها الارتباك ورمقتني بنظرات ذات مغزى، وراحت تسأل كل من يقابلها عن الشيء الغريب الذي أصابني، لكنها لم تجد أي جواب ينقذها من وحش الحيرة الذي افترسها بلا رحمة.

أغنية للصباح الآتي

جلست على شاطئ وجدانها تغسل أحلامها، وتهدهد قلبها المنهك بأغنية قديمة كانت قد حفظتها في سنوات مراهقتها الأولى.. تراءت أمامها صورته بكامل هيئته.. واصلت التغني عله يسمعها، فلقد كان يقول لها دائماً: هذه الأغنية لا تعجبني إلا بصوتك.. كانت تضحك ملء قلبها، وتتدلل عليه في مواصلة التغني.. آخر مرة قال لها:

- تغنّيْ في وجودي وفي غيابي؛ تغني.

لا تعرف لمَ بكت وقتها؟ ولا تعرف أيضاً لمَ وافقت على غيره عندما طرق بابها؟

أسئلة تجهد القلب النادم على دقائق كانت تملأ مساحات الفراغ الشاسعة فى وجدانها الشفاف.

ضحكت بمرارة ولكن الضحكة لم تغير كثيراً من الصورة المنعكسة أمامها على المرآة، تناولت بعض الألوان المبعثرة على اللوح الزجاجي الذي يقبع أسفل المرآة، وأخذت ترسم بها على وجهها.. همست في حنق:

- ما جدوى هذا الآن؟!

تركت الألوان والمساحيق وضغطت على زر التسجيل، بعد أن وضعت شريطاً تريد أن تملأه بكلامها أو بأغنيتها التي يحبها بصوتها فقط.. أخذت تتغنى وتتغنى وهي تدق بيدها على سطح أحد الكراسي الخشبية القريبة منها.. اندمجت.. علا صوتها حتى وصل إلى حد الصراخ؟ تنبهت وأدركت أن صوتها دونه؛ لا شيء، كما أنها دونه؛ لا شيء.. تناولت ألوان الرصاص المبعثرة في كل مكان، بعد أن سحبت إحدى الأوراق من أسفل الكتاب الذي انتهت من قراءته هذا الصباح، وأخذت تعبث بالألوان على الورق وترسم ما تشاء وما تريد.. تذكرته حين قال لها:

- سوف تصبحين فنانة عظيمة.

ألقت الألوان بعيداً ومزقت الورقة، فقد خاب ظنه فيها كما خاب ظنها فيه.. دارت في حجرتها دورة كاملة وهي تعقد ساعديها خلف ظهرها.. مسحت بعينيها كل شيء في الحجرة، حتى وقعت على دفتر مذكراتها معه.. سبحت في أوراقه حتى وصلت إلى شاطئ وجدانها، غسلت أحلامها الحزينة، وأخذت تهدهد قلبها المنهك بأغنية جديدة للصباح الآتي.

دهاء الملك ووزيره صفوان

بعد وفاةِ الوزير أراد الملكُ أن يختبرَ جميع الذين سوف يترشحون لتولي منصب الوزير الشاغر بالمملكة، حتى يتأكد بنفسه من حنكته وفراسته، وقوة ملاحظته وحسن تصرفه في المواقف المختلفة، فمنصب الوزيرِ بالمملكةِ من المناصب الرفيعة، وإن لم يحسن اختيار الوزير فقد تقع المملكةُ في العديد من المشاكل في الداخل وفي الخارج أيضاً، لأن منصب الوزير هامٌّ جدّاً في المملكة لتسيير شؤونها المختلفة والاهتمام بأحوال الرعية..

أخبر الملك المنادي بأن يجول في كل شوارع المملكة؛ ليعلن عن رغبة الملكِ في تعيين وزير للملكة، وعلى من يرغب في التقدم إلى شغل هذا المنصب التوجّه إلى القصر الملكي صباح الغدِ، لمقابلة الملك، ومَن يجتاز المقابلة بنجاح؛ تكون الوظيفةُ من نصيبه.. انتشر الخبرُ بسرعةِ البرق في جميع أرجاء المملكةِ، وبدأ كل متحمس للوظيفة الاستعداد للمقابلة، حتى يكون متزناً وهادئاً أمام الملكِ، فيفوز بالمنصب، بينما لم يعر صفوان ابن العم حمدان الصياد اهتماماً لهذا الخبر، رغم يقينه التام بأن هذا

المنصب هو السبيل الوحيد الذي يستطيع من خلاله أن يحقق ما يصبو إليه من أجل خير المملكة كلها.

في الصباح ذهب الجميع إلى القصر في الموعد المحدد، وكانوا جميعاً في أبهى صورة، من حيث المظهر والشكل والثياب الغالية، بينما صفوان لم يجد ما يرتديه سوى ثيابه القديمة الممزقة، التي لا يتناسب ارتداؤها مع طبيعة المنصب وحضور الملك.. نادى الحارس وأمر الجميع بالدخول إلى الملك، حتى يتم اللقاء وتعلن النتيجة، ويُعرف من هو وزير المملكة الجديد..

اصطف الجميع أمام الملك في هيبة ووقار، يتناسبان مع رهبة الموقف والمشهد في حضرة الملك، الذي سمعوا كثيراً عنه ولم يروه مطلقاً، معظمهم كان يطأطئ رأسه إمعاناً في الاحترام، ولفْت انتباه الملك أنه سوف يكون من المطيعين لأوامره فيما يخص أمور المملكة.. كان صفوان منشغلاً عن كل ذلك بأحلامه في المنصب، وما سيفعل لأهل المملكة.. وكيف سيدير المنصب الجديد بما يعود بالنفع على جميع الناس بالمملكة -إذا وقع عليه الاختيار- ولم يفكر في نفسه مطلقاً، ولم يخرجه من نوبة شروده التي طالت كثيراً سوى صوت الملك وهو يرحب بهم قائلاً:

ـ أهلاً بكم..

رد الجميع بصوت واحد:

ـ أهلا بجلالة ملكنا العظيم

أخذ الملك يمشى أمامهم ذهاباً وإياباً وهو يتفحص الوجوه

جيداً، ويرصد كل حركة وطرفة عين لهم، حتى يقف على قدرتهم على الثبات، وثقتهم فى أنفسهم، وعدم ارتباكهم في حضرته ووجوده، وخشيتهم من هيبته، ثم صاح قائلاً:

- بالطبع أنتم تعلمون سبب وجودكم اليوم هنا؟

- نعلم يا جلالة الملك

- حسناً.. ومن أجل ذلك لن نطيل في المقابلة حتى أنصرف لشؤون الرعية بالمملكة والحكم، واختباري لكم يتلخص في هذه الكرة المتشابكة من الخيوط الملونة.. ثم أخذ يقذف بكرة الخيوط إلى أعلى ثم يتلقفها مرة أخرى، عليكم بتحديد الوقت الذي سوف تحتاجون إليه، حتى يمكن فك هذه الكرة، ووضع كل خيط على حدة، ومن ينجح في ذلك هو من سوف يتولى منصب وزير المملكة..

ظلت عين صفوان ترتفع وتنخفض مع علو وهبوط كرة الخيوط الملونة، وفطن إلى معرفة مقصد الملك من القيام بهذا الاختبار لاختيار وزير المملكة، حيث إن كرة الخيوط الملونة كانت تضم جميع ألوان الطيف، فوجد اللون الأحمر واللون البرتقالي واللون الأصفر واللون الأخضر واللون الأزرق، وكذلك وجد اللون النيلي واللون البنفسجي وهو يعلم تماماً أن هذه الألوان هي مكونات اللون الأبيض، ومقصد الملك من اختباره هذا أن يختبر ذكاء المتقدم وفطنته، وكذلك أراد أن تصل رسالته بطريقة غير مباشرة، وهي أن رجال الحكم في المملكة يختلفون في القدرات وفي المناصب، ولكن لا بد أن يعملوا في تناغم كأنهم

رجل واحد، كما أن ألوان الطيف تتحد في لون واحد، ويصب هذا العمل في مصلحة الرعية.. أفاق صفوان من سرحانه على صوت الهمهمة التى سرت بين جميعِ المرشحين، حتى علا صوتُهم فقال الملك:

ـ لِمَ كل هذه الجلبة؟ ما عليكم الآن سوى أن يتقدم كل واحد منكم ويذكر الوقت الذي سيستغرقه حتى يفك هذه الخيوط.

ساد صمت رهيب فى قاعةِ الحكم، ولم ينبس أحد ببنت شفة، فتعجب الملك من صمتهم، وعاود الحديث إليهم وقال متسائلاً:

ـ لِمَ الصمت؟

نظر صفوان إلى الملك نظرةً عميقةً ثم قال:

ـ هل يأذن لي جلالة الملك بتقديم اقتراح متواضع لمواجهة الموقف، وإنهاء تلك الأزمة في عدم قدرتنا على تحديد موعد يتناسب مع قدراتنا المختلفة في فك تلك الكرة من الخيوط المتشابكة.

قال الملك وهو يتأمل ملابس صفوان الرثة:

ـ تفضل وقدم اقتراحك.

قال صفوان بهدوء:

ـ أنا أرى أن يتم تحديد موعد ثابت للجميع، ونلتقي بعدها ونرى من سوف ينجح في فك كرة الخيوط، وقتها سوف نستطيع أن نحدد من يستحق تولي المنصب.

صمت الملك قليلاً ثم حك ذقنه، وقال وقد ارتسمت بسمة رضا على شفتيْه:

ـ وأنا أوافقك الرأي.. سوف أمهلكم أسبوعاً كاملاً، ونلتقي بعدها لتحديد من يستحق تولي المنصب.. والآن عليكم الانصراف وليأخذ كل واحد منكم كرته من الحارس.

خرج الجميع وذهبوا إلى منازلهم مصطحبين معهم كرات الخيط المتشابكة ذات الألوان، وكلهم إصرار على فك الكرة والعودة بها إلى القصر، حتى يفوزوا بالمنصب.

وبعد أن مر الأسبوع سريعاً، وحان وقت لقاء الملك كي يعرض عليه المتنافسون نتيجة ما توصلوا إليه خلال الأسبوع المنقضي.. دخل الجميع إلى قاعة الحكم ويحمل كل واحدٍ منهم نتيجة مجهوده طوال الأسبوع، ولم يدم انتظارهم كثيراً حتى دخل عليهم الملك وحياهم بتحية طيبة وأمرهم بالجلوس على أن يتقدم كل واحد وحده أمام الملك، لتقديم ثمرة مجهوده وقدراته في فك كرة الخيوط المشابكة ذات الألوان..

تقدموا واحداً تلو الآخر، بعضهم استطاع أن يفك لونين من الخيوط ويفصل بعضهما عن بعض من بين جميع الخيوط، والبعض الآخر قام بفك ثلاثة ألوان، والبعض أربعة، والبعض خمسة، ولكن لم يستطع أحد منهم أن يفك جميع الألوان، حتى جاء دور صفوان، وكان آخر المتقدمين للملك، وفوجئ الجميع بأنه لم يستطع فك أي لون من جميع ألوان كرة الخيوط، فتعجب الملك وقال له:

كنت أتصور أنك الوحيد الذي يقوم بفك جميع الألوان، عندما تقدمت لي باقتراحك بشأن تحديد مهلة الأسبوع، وهَأَنتَ تعود لنا خائب الرجاء ولم تفك أي خيط منها.

قال صفوان بهدوء:

- ولِمَ أفك الألوان مولاي الملك؟

- حتى تفوز بالمنصب

- أعلم أن شرط تولي المنصب هو فك الكرة، ولكن ها نحن نرى أن الجميع لم يفلح وحده في فك جميع ألوان كرة الخيوط، وهذا ليس عجزاً منا وليس تقصيراً أو ضعفاً في قدراتنا.

ازداد اندهاش الملك من كلام صفوان وقال له:

- بم تفسر عجزكم إذن؟

- هذا ليس عجزاً مولاي الملك

- ماذا تسميه إذن؟

- أسميه عدم دراية بأهمية المشاركة والعمل التعاوني، ولعل هذا ما دفعني لعدم إهدار وقتي ومجهودي في عمل أعلم أنه يحتاج إلى أكثر من فرد، وإلى أكثر من يد تعمل، وهكذا هو الحكم سيدي، فهو ليس عملاً فردياً؛ بل هو عمل تعاوني، وأنا الآن أطلب من جلالتكم التكرم بالموافقة على مساعدتي في فك ألوان كرة الخيوط.

الملك متعجباً:

ـ كيف تطلب من الملك مثل هذا الطلب؟ الملك فقط هو من يطلب ويأمر فيطاع.

رد صفوان بهدوئه المعتاد:

ـ دعنا نحاول مولاي، وسنرى النتيجة معاً

تعجب الحاضرون من جرأة وشجاعة صفوان ومن طلبه للملك، وتعجبوا أكثر عندما وافق الملك على طلبه، وبدأ في مساعدته في فك ألوان كرة الخيوط، ولم يستغرقا وقتاً طويلاً أو مجهوداً مضنياً حتى قاما معاً بفك جميع ألوان كرة الخيوط المتشابكة، وسط دهشة وتعجب جميع الحاضرين، وهنا نظر إليهم الملك وقال لهم:

ـ قطعاً علمتم من هو وزير المملكة الآن..

صاح الجميع بصوت واحد:

ـ أجل مولانا الملك.. علمنا أنه صفوان حمدان

على الفور أصدر الملك مرسوماً ملكياً بتولي صفوان حمدان منصب الوزير بالمملكة، واختصه بالجلوس إليه دائماً حتى يكون مستشاره في حكم المملكة.

عصافير المملكة

حُرِم الملك من الإنجاب.. الأسباب كثيرة ومتنوّعة ومحاولاته الكثيرة للإنجاب لم تكن اعتراضاً على قضاء الله تعالى وقدره، بل كانت لحبّه الشّديد للأطفال. وبعدما يئس من المحاولات لم يجد بدّاً من أن يعيش راضياً قانعاً بما كتبه الله تعالى له، حامداً شاكراً ربّه على النّعم التي أغدقها الله تعالى عليه من مُلك عظيم ورجاحة عقل وحكمة يقضي بها حكمه العادل بين النّاس، وانصرف إلى الاهتمام بأشياء كثيرة، كان يرى أنّها تروي ظمأه وعطش إحساسه بالأبوّة فكان يربّي في حديقة القصر بعض الكلاب من السّلالات النّادرة ويهتمّ بها بنفسه ويعتني كذلك ببعض أنواع العصافير، التي كانت تُهدى إليه من سلاطين بلاد آخر الدّنيا.. وكان الملك يعشق ثمار البرتقال الطّازجة فكان يزرع بنفسه أشجار البرتقال في الحديقة ويتعهّدها بالعناية والرّعاية دون باقي أشجار الحديقة التي يهتمّ بها بستانيّ القصر..

لكنّ كلّ ذلك لم يكن يُشبع رغبته فى الإحساس بالأبوّة ولم يسدَّ حاجته إلى أن يكون أباً لطفل يرث من بعده المُلك ويتولّى عرش المملكة.. طفل من لحمه ودمه يفخر به وسط الممالك..

حاول كثيراً ولم تفلح محاولاته. اتّصل بأشهر أطباء المملكة وحكماء القصر الذين كان صيتهم يملأ الدّنيا لقدرتهم على معالجة الحالات المشابهة فلم ينجح.

علم أنّها إرادة الله تعالى ومشيئته ولا اعتراض على ما قسمه الله تعالى، خاصّة أنّه يتمتّع بالرّزق وسعة العيش ورغد الحياة، ورغم ذلك كان يؤلم نفسه الشّعور بحاجته الملحّة لطفل يقوم بتربيته ورعايته ويتولّى شؤونه. وكان كلّما اشتدّ الألم على نفسه يهرع إلى الصّلاة داعياً ربّه جل وعلا، باكياً مستغفراً ولم يقنط يوماً من رحمة الله تعالى، فقد كان يدرك تماماً أنّ الله تعالى قسم له ذلك لحكمة لا يعلمها سواه.

كان خدّام القصر يعصرون وسادة الملك من غزارة الدّموع التى يذرفها كلّ ليلة وانصرف أطباء القصر إلى علاج عينيه اللّتين تورّمتا كثيراً وانتفختا حتى كاد يعمى من كثرة البكاء.. ظلّ الأمل يلوح في أفق حياة الملك بإنجاب طفلٍ يحمل اسمه ويتولّى العرش من بعده، رغم هرم الملك وفرار الأيّام والسّنوات التي تراكمت حتى وصلت في عدّاد عمره إلى السّبعين.. لم ينقذ الملك من حيرته وبكائه وآلامه الكثيرة سوى فكرة طرأت عليه ذات ليلة، وهي أن يقوم برعاية أطفال المملكة المشرّدين والمساكين وأبناء السّبيل.

وعلى الفور سارع بتنفيذ الفكرة التي لا تحتمل الانتظار، فأمر بإنشاء مبنى فخم في حديقة القصر وجهّزه للمعيشة الفاخرة لعدد كبير من الأطفال، وأمر حاشيته ومسؤوليه في المملكة أن

يجمعوا في هذا المبنى جميع الأطفال الذين يحتاجون إلى رعاية واهتمام، ليشبع حاجته من الأبوّة بأطفال المملكة الذين سيعتبرهم أبناءه وإن لم يكونوا من لحمه ودمه..

تمّ التّنفيذ على وجه السّرعة وأصبح المبنى جاهزاً للسّكن فضمّ إليه الأطفال الذين قام مسؤولو الملك بجمعهم من المملكة، وكان أهمّ شرط للملك أن يتمّ ذلك برضاً كامل وبموافقة أولياء أمورهم أو من يتولّى رعايتهم إن وُجِد، مع السّماح لهم بزيارتهم متى أرادوا ذلك.. غمرت السّعادة حياة الملك وأصبح هؤلاء الأطفال كلّ حياته وجدّدوا عمره حتى أصبح مثل النّسر الذي انبعث من جديد، صار نشيطاً جدّاً يستيقظ مبكراً وبعد أن يؤدّي الصّلاة يذهب إلى الحديقة ليهتمّ بأمر الكلاب والعصافير التي يربّيها، ثمّ يهتمّ بأشجار البرتقال وعند بزوغ الشّمس يتّجه إلى المبنى الفخم ليلتقي بالأطفال.. أحبّه الأطفال كثيراً وكانوا ينتظرون موعده كلّ صباح. وعند المساء كانوا يلعبون معه ويتسامرون حتّى آخر اللّيل. لم يصدّق الأطفال أنّ هذا هو الملك الذي يهابون ملكه ويسمعون كثيراً عنه..

مرّت الأيّام والشّهور والملك لا يخلف موعداً مع الأطفال صباحاً ومساءً مهما كان انشغاله بأمور المملكة وظروف الحكم. لم تمنعه المشاغل يوماً عن زيارة الأطفال والجلوس معهم والاستماع إليهم والاستمتاع بهم، وبشعور الأبوّة الذي دبّ في أوصاله منذ أن جاء هؤلاء الأطفال إلى القصر..

لم يفرّق في معاملته بين طفل وآخر، ولم يكن يميل لطفل دون

الآخرين.. كان الجميع لديه سواسية، كانوا أبناءه حقّاً، والأطفال يشعرون بكلّ هذه المشاعر الجميلة التي يغمرهم بها الملك.. حتى كان يوم لاحظ فيه بستانيّ القصر تناقص ثمار البرتقال على أشجار الملك الخاصّة، تملّك الرّعب والهلع البستانيّ خوفاً من الملك وردّ فعله، فرغم طيبة الملك وحسن معاملته له طيلة السّنوات التي كان يعمل بها في القصر، إلا أنّ هذه الأشجار تحديداً مُعَظَّمة عند الملك ويحرص عليها وعلى العناية بها حرصاً شديداً، وسوف يغضب غضباً شديداً عندما يعلم بأمر تناقص ثمار البرتقال، وقرب اختفائها من فوق أشجاره الخاصّة.

حاول البستانيّ معرفة سبب تناقص هذه الثّمار فكان يسأل حرّاس القصر والخدم والحاشية ومسؤولي الأمن بالقصر، علّ أحد اللصوص المجانين يكون قد تسلّل خلسة إلى حديقة القصر ليسرق ثمار البرتقال التي يعشقها الملك، ولكن لم يجد إجابة شافية على سؤاله ولم يهتدِ بعد على الفاعل.. ورغم أنّ ذلك يحدث كلّ يوم إلا أنّه لا يوجد أي ردّ فعل من الملك رغم علمه بتناقص الثّمار على الأشجار، ولم يفتح معه هذا الموضوع أو يسأله، فزادت حيرة البستانيّ وزاد معها شغفه بمعرفة ما تذهب ثمار برتقال الملك إليه، فقرّر أن يسهر ليلة ليعرف ما يحدث. وبالفعل في اللّيلة التي عزم فيها على السّهر في الحديقة؛ وجد قبل بزوغ الفجر أحد الأطفال يتسلّل من المبنى الفخم إلى أشجار الملك مباشرة، يقطف برتقالة من الشّجرة وهو يجري فرحاً سعيداً متّجهاً إلى القصر مباشرة، ويختفي بداخله قليلاً ثمّ يخرج بدون البرتقالة..

بعد قليل يخرج طفل آخر ويفعل مثلما فعل الطّفل الأوّل وهكذا حتّى يحين موعد ذهاب الملك إلى المبنى الفخم للجلوس مع الأطفال.. ازدادت حيرة البستاني أكثر وأكثر، فلِمَ يفعل الأطفال هذا ويسرقون البرتقال الذي يعشقه الملك، خاصّة أنّ الملك يعاملهم معاملة راقية ويقرّبهم إلى نفسه..؟

والأغرب هو عدم وجود أي ردّ فعل من الملك.. وأين يذهب الأطفال بثمار البرتقال داخل القصر ويخرجون بدونها؟ لذا قرّر البستاني أن يقطع الشّكّ باليقين ويتربّص بأحد الأطفال ويقبض عليه متلبّساً بسرقة البرتقال ويبلّغ الملك ويخلي مسؤوليّته من تناقص الثّمار على الأشجار.. قرّر وفعل وعندما قبض على أوّل طفل وبيده البرتقالة ضحك الطّفل وقال له: "ما بك يا عمّ يا بستاني..؟

إنّنا نحبّك كما نحبّ الملك فبرتقالة واحدة لن تضرّ والأشجار كثيرة والثّمار تملؤها فما يضرّ الملك أو الأشجار برتقالة واحدة" تعجّب البستاني من ردّ الطّفل ولم يكن هذا ردّ هذا الطّفل فقط، بل ردّ جميع الأطفال الذين قبض عليهم متلبسين بسرقة برتقال الملك.. ورغم معرفته الجاني الذي يقوم بسرقة ثمار البرتقال إلّا أنّ أيّاً من الأطفال الذين تحدّث معهم لم يخبره بمكان إخفاء ثمار البرتقال المسروقة، وظلّ هذا الأمر يؤرقه كلّ يوم حتى أنه ذات يوم استدعاه الملك إلى غرفة الحكم، فعلم أنّ نهايته قد اقتربت، وأنّ هذا الاستدعاء سوف تكون نهايته سجنه أو إعدامه، وإذا كان الحكم خفيفاً فلن يكون أقلّ من النّفي من المملكة التي قضى فيها عمره كلّه وأفنى فيها شبابه في خدمة الملك ورعاية حديقة قصره..

دخل البستانيّ على الملك وهو جالس بكلّ هيبة ووقار على كرسي العرش وهو يقدم قدماً ويؤخّر الأخرى، ويتمنّى أن تنشقّ الأرض وتبتلعه قبل أن يبلغ مقام الملك، وعندما اقترب من الملك كثيراً فوجئ بضحكة عالية منه تهزّ عرش المملكة من فرط قوّتها فانفرجت أساريره واتّسعت شفتاه عن ابتسامة كشفت عن فم خالٍ من الأسنان وأظهرت تجاعيد وجهه أكثر مما هي ظاهرة، فقام الملك من عرشه وتناول سلّة مملوءة بالبرتقال واقترب من البستانيّ كثيراً وأخذ يربت على كتفه بعطف وحنان عهدهما البستانيّ دوماً في الملك، وقال له الملك بصوت حنون:

- ألا تريد أن تعرف أين تذهب ثمار البرتقال؟

- أجل سيدي.. إنّ هذا الأمر يؤرقني كثيراً وقد صدمتني ضحكتك العالية مولاي.

- لِمَ يؤرقك أيّها البستاني الأصيل؟

- كنت أعتقد أنّ العصافير هي التي تسرق البرتقال، ولكنّي لم أجد تفسيراً لصمت مولاي حيال اختفاء الثّمار، ومن أجل ذلك كنت شديد الأرق.

- أعلم مدى حبّك لي أيّها البستاني الأصيل، وأعلم أنّ أرقك من أجلي وليس خوفاً منّي.

- نعم مولاي فجميعنا نحبّك كثيراً ونعمل على راحتك ليل نهار ولكنّني أعلم أيضاً مدى عشقك لثمار البرتقال الطّازج وكذلك حرصك واهتمامك الشّخصيّ وعنايتك بهذه الأشجار.

ـ وهل أنت وحدك من يعلم هذا أيّها البستانيّ؟

ـ أعتقد أني لست وحدي.

دار الملك حول البستاني وأطلق ضحكته العالية مرّة أخرى وقال:

ـ بالفعل لست وحدك من يعلم. أطفالي الأحبّاء كانوا يحرصون كلّ يوم على قطف ثمار البرتقال ووضعها أمام باب حجرتي حتى أستيقظ فأفتح عينيّ على أكثر ما أعشقه في الدّنيا. الأطفال عرفوا كيف يردّون الجميل بحبّهم لي وقربهم منّي، ومن أجل ذلك تجد أنّه لا يوجد لدي رد فعل، لأن ما يسرق يذهب لصاحبه أيّها البستانيّ. ومن يسرق الثمار هم عصافير المملكة الحقيقيّون الذين نربّيهم بحبّ وسعادة.

قبل أن ينطق البستانيّ بكلمة، خرج جميع الأطفال من جنبات غرفة الملك وهم يضحكون ويصيحون: عاش ملكنا الجميل.. عاش ملكنا الحنون.. عاش ملكنا الذي نحبّه، ونحبّك أيّها البستانيّ الأصيل.

المحتويات